汽车发动机装配工艺

Qiche Fadongji Zhuangpei Gongyi

许 平　叶文海　编著

人民交通出版社股份有限公司
China Communications Press Co.,Ltd.

内 容 提 要

本书把发动机装配工艺安排及对应的工艺分为线上装配 20 个工位及线外分装 3 个工位,将发动机装配所需的结构原理、工艺技术、质量标准、标准操作方法、标准实训流程等融入其中,包括发动机结构认知、发动机装配、标准化操作、质量检验等学习内容。

本书可作为职业院校汽车专业发动机课程的实操用书,也可作为面向企业职后人才的培训用书。

图书在版编目(CIP)数据

汽车发动机装配工艺 / 许平,叶文海编著. —北京:
人民交通出版社股份有限公司, 2017.6
 ISBN 978-7-114-13824-9

Ⅰ.①汽… Ⅱ.①许…②叶… Ⅲ.①汽车—发动机—装配(机械)—工艺学 Ⅳ.①U464.06

中国版本图书馆 CIP 数据核字(2017)第 104269 号

书　　名:	汽车发动机装配工艺
著 作 者:	许 平　叶文海
责任编辑:	夏 犨　时 旭
出版发行:	人民交通出版社股份有限公司
地　　址:	(100011)北京市朝阳区安定门外外馆斜街3号
网　　址:	http://www.ccpcl.com.cn
销售电话:	(010)59757973
总 经 销:	人民交通出版社股份有限公司发行部
经　　销:	各地新华书店
印　　刷:	北京市密东印刷有限公司
开　　本:	787×1092　1/16
印　　张:	16.25
字　　数:	371 千
版　　次:	2017 年 6 月　第 1 版
印　　次:	2021 年 8 月　第 3 次印刷
书　　号:	ISBN 978-7-114-13824-9
定　　价:	38.00 元

(有印刷、装订质量问题的图书由本公司负责调换)

前　言

汽车工业正在进行信息化、自动化的升级换代，汽车企业对人才的需求也正在从单纯的技术技能向技术技能与职业素养并举转变，因此，职业院校汽车制造装配培训必须升级换代。本书按照发动机装配"工艺纪律"编写，为职业院校教学设计一个实战的学习情境，引领学生完成职业岗位的典型工作任务，促进学生综合职业能力发展，使初学者养成严谨的工作态度，迅速成长为岗位能手。

本课程体系服务于企业的实际工作过程，能打通校企衔接，创立"企业—教师—学生—企业"学习链，以发动机装配工位技术技能为中心，融入岗位"人机料法环测"等要素，提供发动机结构认知、发动机装配、标准化操作、质量检验、SOS 技术学习等实训内容，是专业技能与岗位素养相结合的综合平台的体现，为努力打造真实情境的发动机装配实训提供技术支撑；支持汽车装配专业技能和职业素养的综合实训，支持面向企业的职后人才培训，体现专业建设与产业链结合。

本书由柳州市第一职业技术学校许平（线上 20 个工位）、叶文海（线外 3 个分装工位）编著。在编著过程中得到了广西中等职业学校教学改革重点立项"基于生产线的汽车发动机装配实训课程改革实践与研究"项目资助（桂教职成〔2016〕26 号）。同时也得到上汽通用五菱汽车公司、五菱（柳机）、荟萃五交化有限公司等企业的大力支持，在此一并表示衷心的感谢！

由于作者经验和水平有限，又是以全新的教程模式呈现给大家，难免有不妥之处，请各教学单位在积极选用和推广本书的同时，提出宝贵意见和建议。

作者

2017 年 4 月

目 录

1. 缸体上线工位作业指导书 …………………………………………………… 1
2. 装曲轴工位作业指导书 ……………………………………………………… 8
3. 装活塞连杆工位作业指导书 ………………………………………………… 19
4. 装缸盖工位作业指导书 ……………………………………………………… 38
5. 装凸轮轴及摇臂工位作业指导书 …………………………………………… 50
6. 装进排气双头螺柱、封水端盖、曲轴后端盖工位作业指导书 …………… 69
7. 装水泵、机油泵工位作业指导书 …………………………………………… 85
8. 装后罩壳、正时机构工位作业指导书 ……………………………………… 96
9. 调气门间隙、装前罩壳工位作业指导书 …………………………………… 115
10. 装集滤器、机油盘工位作业指导书 ………………………………………… 127
11. 拧紧机油盘、装火花塞工位作业指导书 …………………………………… 136
12. 装缸盖罩、机油压力报警器工位作业指导书 ……………………………… 141
13. 装进水管、飞轮、滤清器工位作业指导书 ………………………………… 148
14. 装主动皮带轮、发电机托架作业指导书 …………………………………… 160
15. 装油位计导管、左悬挂、进气管作业指导书 ……………………………… 167
16. 装爆震传感器、油位计、燃油导轨作业指导书 …………………………… 174
17. 装排气管、氧传感器、排气管罩作业指导书 ……………………………… 180
18. 装发电机、水泵皮带轮作业指导书 ………………………………………… 188
19. 装离合器、高压线作业指导书 ……………………………………………… 196
20. 装进气管支架、节流阀体、回水橡胶管、外观检查、发动机下线作业指导书 …… 203
21. 缸盖分装工位作业指导书 …………………………………………………… 209
22. 活塞连杆分装工位作业指导书 ……………………………………………… 219
23. 曲轴前、后油封压装（分装）工位作业指导书 …………………………… 240

参考文献 ……………………………………………………………………… 251

1. 缸体上线工位作业指导书

工位号	工序一	工位名称	缸体上线
要素序号	1	要素名称	吊装曲轴箱固定在装配托盘上

重要度	序号	主要步骤	要点	原因
✚	1	通过吊车将曲轴箱吊装固定在装配托盘上	注意吊装安全,防缸体跌落	避免安全事故
✚	2	拧紧托盘夹具与缸体后端的紧固螺栓	拧紧至规定力矩,确保后续装配安全	避免安全事故

安全(质量)事故记录	日期	说明

注:✚ 安全;▽ 关键;◇ 重要;PP 推拉;TG 工具;LT 看;FL 听;○ 基本;□ 选件。

工位号	工序一	工位名称	缸体上线
要素序号	2	要素名称	松主轴承盖螺栓

图1 ——拆松主轴承盖螺栓10个

重要度	序号	主要步骤	要点	原因
✚	1	取套有14号套筒的气动定扭扳手1把	工作气压值(静态):0.5~0.7MPa	保证装配力矩
	2	松主轴承盖螺栓10个	10个螺栓完全松脱	不影响到拆卸主轴承盖

安全(质量)事故记录	日期	说明

注:✚ 安全;▽ 关键;◇ 重要;PP 推拉;TG 工具;LT 看;FL 听;○ 基本;□ 选件。

工位号	工序一	工位名称	缸体上线
要素序号	3	要素名称	取曲轴

托盘　曲轴小头
图1

重要度	序号	主要步骤	要 点	原 因
LT	1	检查曲轴清洁度（互检）	看和摸曲轴轴颈是否有异物或防锈油	
✚	2	从线旁料架（周转小车）中取曲轴放置装配托盘上	（1）搬运时保持曲轴平稳；（2）要求曲轴小头朝向工作者，有分组标记的曲柄朝上	（1）防止曲轴跌落伤人；（2）分组标记朝上方便配轴瓦；（3）防止装错曲轴

安全(质量)事故记录	日期	说　明

注：✚ 安全；▽ 关键；◇ 重要；PP 推拉；TG 工具；LT 看；FL 听；○ 基本；□ 选件。

工位号	工序一	工位名称	缸体上线
要素序号	4	要素名称	看曲轴主轴颈外径组别号

曲轴主轴颈外径组别号

图1

重要度	序号	主 要 步 骤	要 点	原 因
(LT)	1	看曲轴曲柄：曲轴主轴颈外径组别号	在曲轴小头一侧的曲柄有5个数字标记。从左往右读取数字。最左边数字标记为第一个主轴颈外径组别号，即曲轴小头主轴颈外径组别号（与1号主轴承盖配合）	防止配错轴瓦，轴瓦松脱

安全(质量)事故记录	日期	说　　明

注：✚ 安全；▽ 关键；◇ 重要；(PP) 推拉；(TG) 工具；(LT) 看；(FL) 听；○ 基本；□ 选件。

3

工位号	工序一	工位名称	缸体上线
要素序号	5	要素名称	看主轴承孔内径组别号

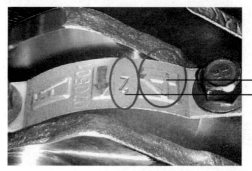

图1

重要度	序号	主要步骤	要 点	原 因
LT	1	看主轴承盖:主轴承孔内径组别号	在1~5号主轴承盖上取5个钢印数字标记	防止配错轴瓦,轴瓦松脱

安全(质量)事故记录	日期	说　明

注:✚ 安全;▽ 关键;◇ 重要;PP 推拉;TG 工具;LT 看;FL 听;○ 基本;□ 选件。

工位号	工序一	工位名称	缸体上线
要素序号	6	要素名称	选配主轴瓦

主轴瓦分组号有：-1、0、1、2、3、4、5号瓦共7个组别

图1

图2

主轴瓦选配关系表1

曲轴主轴颈外径组别号＋主轴承孔内径组别号＋主轴瓦组别号＝7

重要度	序号	主要步骤	要　　点	原　　因
◇	1	按主轴瓦选配关系（表1）选配主轴瓦	（1）按主轴瓦的选配关系：曲轴主轴颈外径组别号＋主轴承孔内径组别号＋主轴瓦组别号＝7； （2）对应组别选配主轴瓦：1号主轴承盖主轴承孔内径组别号＋第一个主轴颈外径组别号＋主轴瓦组别号＝7	防止配错轴瓦，轴瓦松脱
	2	从物料架料盒内取主轴瓦10片分别装入工位防错料盒内对应的位置（图2）	（1）主轴瓦有7个组别：-1、0、1、2、3、4、5号轴瓦分别印在轴瓦外表面上； （2）工位防错料盒序列号一、二、三、四、五分别对应主轴承盖上1、2、3、4、5道主轴承； （3）每道取主轴瓦2件，分别装入工位防错料盒对应的序列号内； （4）按顺序从1～5道装配，共取10片轴瓦	（1）防止选错轴瓦； （2）防止漏装轴瓦
安全（质量）事故记录		日期	说　　明	

注：✚安全；▽关键；◇重要；PP 推拉；TG 工具；LT 看；FL 听；○基本；□选件。

5

工位号	工序一	工位名称	缸体上线
要素序号	7	要素名称	装主轴瓦并检查

图1

装主轴瓦在主轴承座上

止口对应止口，轴瓦压装到位无松脱

图2

装主轴瓦在主轴承盖上

主轴瓦凸台与主轴承盖槽对正

止口对应止口，轴瓦压装到位无松脱

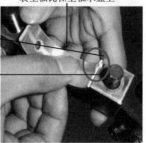

图3

按顺序摆放主轴承盖在装配小车上

主轴盖箭头标记朝上

图4

重要度	序号	主要步骤	要点	原因
	1	松脱第1道主轴承盖(图1)	左、右手的食指和大拇指分别拿着螺栓拉出一半，用手前后适度摇晃主轴承盖至松脱	防止零件跌落伤人
	2	将第1片主轴瓦装在第1道曲轴箱主轴承孔上(图2)	(1)主轴瓦止口对应主轴承孔的止口； (2)轴瓦外表面与主轴承孔平整，无松脱或压装不到位	防止轴瓦松脱
	3	将第2片主轴瓦装在第1道主轴承盖上(图3)	(1)主轴瓦止口对应主轴承盖的止口； (2)轴瓦外表面与主轴承盖平整，无松脱或压装不到位	防止轴瓦松脱
	4	按上述1、2、3点步骤要求装配第2~5主轴瓦在主轴承孔上和主轴承盖上	同上述1、2、3点步骤要求	同上述1、2、3点步骤要求
	5	装配好主轴瓦的5个主轴承放在装配托盘上(图4)	(1)按顺序平齐摆放主轴承盖，最底层为1号盖，最上层为5号盖； (2)主轴承盖箭头标记朝上	防止装错零件
安全(质量)事故记录		日期	说　明	

注：🛡安全；▽关键；◇重要；PP推拉；TG工具；LT看；FL听；○基本；□选件。

工位号	工序一	工位名称	缸体上线
要素序号	8	要素名称	在主轴瓦内表面涂机油

自制SF15W/40机油瓶

在主轴承座上的主轴瓦内表面均匀涂机油

图1　　　　图2

重要度	序号	主要步骤	要点	原因
✚	1	取自制油瓶1支(图1)	机油不能滴在人的皮肤上	机油属于有毒化学品,腐蚀皮肤
	2	将机油滴在曲轴箱主轴承座上的5个主轴瓦内表面油槽上(图2)	5个主轴瓦内表面均匀涂上适量SF 15W/40机油	防止因润滑不良导致零件异常磨损

安全(质量)事故记录	日期	说　明

注:✚安全;▽关键;◇重要;PP推拉;TG工具;LT看;FL听;○基本;□选件。

7

2. 装曲轴工位作业指导书

工位号	工序二	工位名称	装曲轴
要素序号	1	要素名称	装曲轴并检查

图1

重要度	序号	主要步骤	要点	原因
✚	1	右手托住曲轴小头，左手托住曲轴大头，从装配小车右边托起	双手抓稳曲轴大小头，保证曲轴平稳托起	防止曲轴跌落伤人、伤零件
◇LT	2	将曲轴轻放入曲轴箱主轴承座中(图1)	(1)曲轴主轴颈对应曲轴箱主轴承座孔； (2)曲轴小头朝向发动机前端	防止装反曲轴

安全(质量)事故记录	日期	说明

注：✚安全；▽关键；◇重要；◇PP推拉；◇TG工具；◇LT看；◇FL听；○基本；□选件。

工位号	工序二	工位名称	装曲轴
要素序号	2	要素名称	取零件和工具

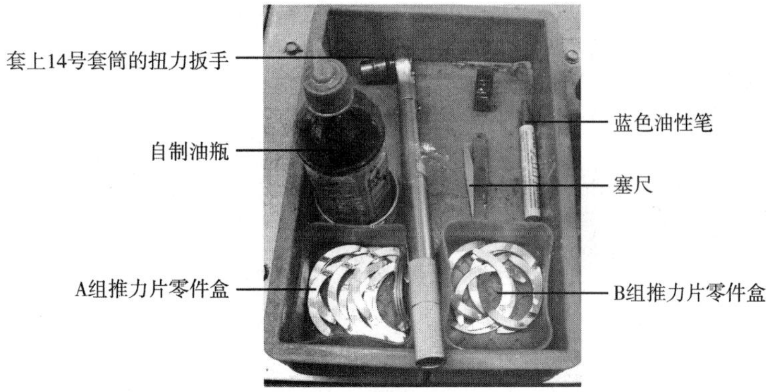

套上14号套筒的扭力扳手
自制油瓶
蓝色油性笔
塞尺
A组推力片零件盒
B组推力片零件盒
图1

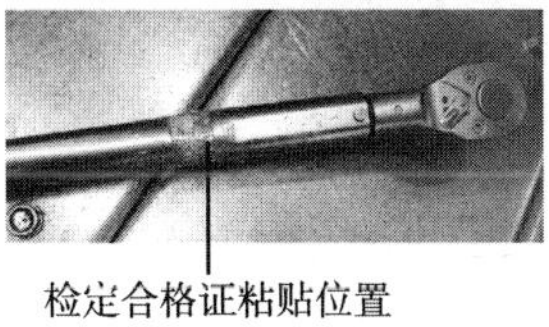

检定合格证粘贴位置
图2

气动定扭扳手套上14号套筒
图3

重要度	序号	主要步骤	要 点	原 因
▽	1	取蓝色油性笔1支,带套筒的扭力扳手1个,塞尺1件,自制油瓶1个。放入工具盒(图1)	(1)套筒型号:14号,数量为2件,分别套在扭力扳手和定扭扳手上(图1和图3); (2)扭力扳手设定值为44N·m; (3)气动定扭扳手设定值为44N·m; (4)油瓶内装有SF 15W/40型号的机油	保证装配质量
	2	取A组推力片,B组推力片分别装2个小塑料盒,装入工具盒中	(1)A、B组片分开装; (2)A组片装入工具盒左边,B组片装入工具盒右边(图1)	防混装推力片

安全(质量)事故记录	日期	说 明

注:✚安全;▽关键;◇重要;PP推拉;TG工具;LT看;FL听;○基本;□选件。

工位号		工序二	工位名称	装曲轴
要素序号		3	要素名称	装曲轴推力片并检查

曲轴推力片分组表1	
组别	厚度尺寸（mm）
A	2.5+0.06
B	2.5+0.02
C	2.5−0.03

图1　　　　　　　　图2

重要度	序号	主要步骤	要点	原因
	1	从零件盆内取两片曲轴推力片：A组片和B组片。右手拿A组片，左手拿B组片（图1）	推力片的分组标记标识在推力片油槽上，有：A、B、C三组	防止错装推力片
◇	2	先装A组推力片（图2）	往前推曲轴曲柄，在靠近曲轴大头一侧将曲轴推力片A组片装入第三道主轴承座中，装配要求推力片有油槽的一面应对着曲柄臂	防止装反推力片、发动机异响、卡死等故障
◇	3	后装B组推力片（图2）	往后拉曲轴曲柄，装第二片B组推力片入第三道主轴承座中，靠近曲轴小头一侧，装配要求推力片有油槽的一面应对着曲柄臂	防止装反推力片、发动机异响、卡死、工作不正常等故障

安全(质量)事故记录	日期	说明

注：✚安全；▽关键；◇重要；PP推拉；TG工具；LT看；FL听；○基本；□选件。

工位号	工序二	工位名称	装曲轴
要素序号	4	要素名称	测量曲轴轴向间隙

(1)用塞尺检测第二片B组推力片与曲轴曲柄之间的间隙。
(2)推力片与曲轴曲柄之间的间隙应满足技术要求:通规为0.08mm,止规为0.20mm。不满足技术要求时应重新选配推力片

曲轴推力片分组表1

组别	厚度尺寸(mm)
A	2.5+0.06
B	2.5
C	2.5

——曲轴小头

图1

重要度	序号	主要步骤	要点	原因
◇	1	用塞尺检测曲轴轴向间隙(图1)	在装B组推力片与曲轴曲柄之间位置分别用0.08mm和0.20mm厚度的塞尺片检测曲柄与推力片间的间隙。要求通规为0.08mm,止规为0.20mm满足装配技术要求	间隙大发动机异响,间隙小发动机转不动
◇	2	当曲轴轴向间隙小于0.08mm时,重新选配推力片	当0.08mm塞尺片检测不通过时,更换B组片,选用C组片装配(或更换A组片选用B组推力片)。按装配推力片要素点重新装配,重新检测确认	(1)间隙过小发动机转不动;(2)零件早期磨损;(3)发动机性能失效
◇	3	当曲轴轴向间隙大于0.20mm时,重新选配推力片	当0.20mm塞尺片检测通过时,更换B组片,选用A组片装配,按装配推力片要素点重新装配,重新检测确认	(1)间隙过大发动机异响;(2)间隙过大推力片脱落发动机性能失效

安全(质量)事故记录	日期	说明

注:✤安全;▽关键;◇重要;㊾推拉;㊣工具;㊂看;㊋听;○基本;□选件。

工位号	工序二	工位名称	装曲轴
要素序号	5	要素名称	主轴颈上涂润滑油

自制SF15W/40机油瓶

图1

机油滴在曲轴5个主轴颈上

图2

重要度	序号	主要步骤	要点	原因
✚	1	取自制油瓶1支（图1）	自制油瓶内装有SF 15W/40型号的机油	机油属于有毒化学品，防止腐蚀皮肤或误食中毒
	2	将机油滴在曲轴5个主轴颈上(图2)	5个主轴颈表面均匀涂上SF 15W/40机油	防因润滑不良导致零件早期磨损

安全(质量)事故记录	日期	说　明

注：✚ 安全；▽ 关键；◇ 重要；⒫ 推拉；⒯ 工具；⒧ 看；⒡ 听；○ 基本；□ 选件。

工位号	工序二	工位名称	装曲轴
要素序号	6	要素名称	装主轴承盖并检查

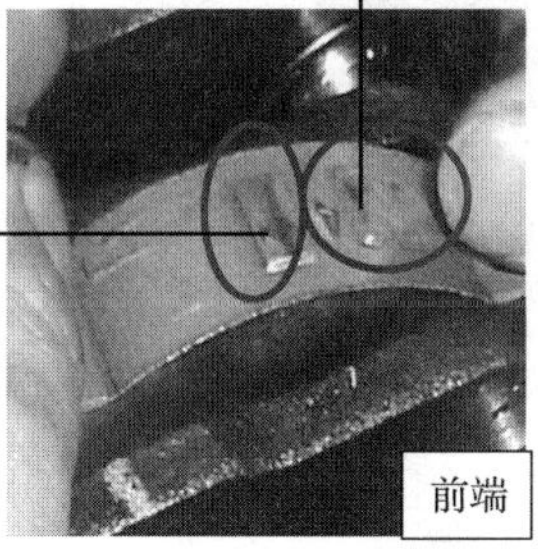

图1：主轴承盖线头标记朝向曲轴小头，发动机前端；主轴承盖的数字标记分别有 5、4、3、2、1 共5个主轴承盖；前端

图2：(1)装配主轴承盖时，盖应平整无歪斜。(2)所有螺栓拧入2~3牙

重要度	序号	主要步骤	要点	原因
	1	将主轴承盖依次按5、4、3、2、1的顺序装入曲轴箱对应主轴座内，曲轴大头端装5号盖，中间装3号盖，曲轴小头端装1号盖(图1)	主轴承盖是唯一配对	(1)发动机转不动；(2)发动机异响；(3)零件早期磨损
⟨LT⟩	2	检查主轴承盖箭头标记是否正确(图1)	5个主轴承盖上箭头标记朝向发动机前端，曲轴小头	同上原因
	3	用手预紧主轴承盖螺栓2~3牙(图2)	螺栓拧入2~3牙	防止因错牙损坏零件

安全(质量)事故记录	日期	说明

注：✚ 安全；▽ 关键；◇ 重要；PP 推拉；TG 工具；LT 看；FL 听；○ 基本；□ 选件。

工位号	工序二	工位名称	装曲轴
要素序号	7	要素名称	预紧主轴承盖螺栓

图1 主轴承盖螺栓预紧顺序示意图

重要度	序号	主要步骤	要　点	原　因
	1	取带套筒的气动定扭扳手	工作气压值(静态):0.5~0.7MPa	保证装配质量
	2	按先后顺序预紧主轴承盖螺栓(图1)	预紧顺序:先预紧3号盖→1号盖→5号盖→4号盖→最后预紧2号盖螺栓	(1)受力不均匀零件早期磨损或异响; (2)保证装配质量

安全(质量)事故记录	日期	说　明

注:✚ 安全；▽ 关键；◇ 重要；⦵ 推拉；⬡ 工具；⬨ 看；⬗ 听；○ 基本；□ 选件。

工位号	工序二	工位名称	装曲轴
要素序号	8	要素名称	拧紧主轴承盖螺栓并检查

10个主轴承盖螺栓拧紧力矩为43~55N·m

图1 主轴承盖螺栓拧紧顺序示意图　　图2

重要度	序号	主要步骤	要点	原因
	1	取带套筒的扭力扳手		
⊘	2	用扭力扳手拧紧主轴承盖螺栓（图2）	（1）匀速扳动扳手手柄，听到"咔嗒"声停止施加扭力； （2）若扭力扳手不转动或转动不足半圈，需松退螺栓半圈以上，再重新施加扭力； （3）力矩范围为43~55N·m	（1）力矩过大，螺栓牙烂； （2）力矩不足，曲轴松动，发动机异响； （3）保证装配质量
⊘	3	按先后顺序用扭力扳手拧紧主轴承盖螺栓（图1）	拧紧顺序：先拧紧3号盖→1号盖→5号盖→4号盖→最后拧紧2号盖螺栓	（1）受力不均匀零件早期磨损或异响； （2）保证装配质量
安全（质量）事故记录		日期	说明	

注：✚安全；⊘关键；◇重要；⑰推拉；⑰工具；⑰看；⑰听；〇基本；□选件。

工位号	工序二	工位名称	装曲轴
要素序号	9	要素名称	检查曲轴转动灵活性

转动曲轴检查曲轴转动灵活性

图1

重要度	序号	主要步骤	要点	原因
✚	1	用手顺时针或逆时针转动曲轴小头（图1）	（1）曲轴转动灵活无卡滞； （2）戴劳保手套操作	（1）转动不灵活发动机异响,零件早期磨损； （2）影响发动机性能； （3）防伤手

安全(质量)事故记录	日期	说　明

注：✚ 安全；▽ 关键；◇ 重要；⬡ 推拉；⬡ 工具；⬡ 看；⬡ 听；○ 基本；□ 选件。

工位号	工序二	工位名称	装曲轴
要素序号	10	要素名称	自检合格,在曲轴箱底部画线标识,转动曲轴箱,放行托盘

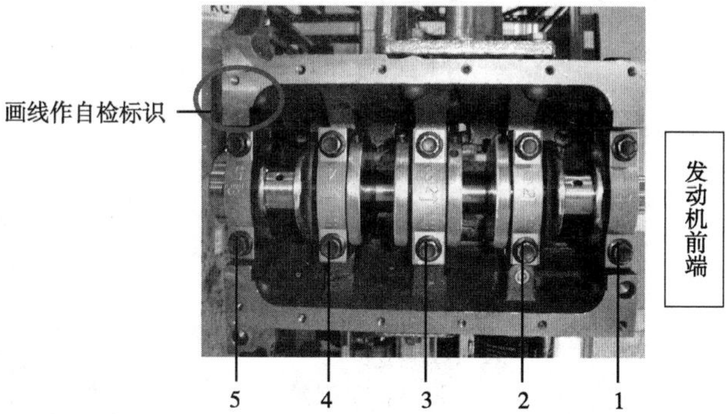

图1（画线作自检标识；发动机前端；5 4 3 2 1）

重要度	序号	主 要 步 骤	要　　点	原　因
	1	自检合格,从工具盆取蓝色油性白板笔画线标识(图1)	(1)检查主轴承盖依次按5、4、3、2、1的顺序装入曲轴箱对应主轴座内,5个主轴承盖上箭头标记朝向发动机前端; (2)检查合格后,在曲轴箱底面、发动机进气侧画线标识; (3)画线应清晰可见	防止不合格品流入下道工序

安全(质量)事故记录	日期	说　　明

注:✚安全;▽关键;◇重要;PP推拉;TG工具;LT看;FL听;○基本;□选件。

 **知识拓展**

曲轴组件拆卸工艺及注意事项

(1) 用定扭扳手拧松主轴承盖螺栓,并取出主轴承盖及螺栓。

主轴承盖螺栓预紧顺序示意图

要点:拧松顺序为先拧松 1 号盖→2 号盖→3 号盖→4 号盖→最后拧松 5 号盖螺栓。

(2) 取出曲轴及止推片(2 片)。

(3) 取出上下主轴瓦(10 片),放于物料盆,并按顺序做好标识。

注意事项:

(1) 拆卸过程中,注意不能刮伤、刮花各零部件。

(2) 轴瓦拆卸后,若分组号模糊不清,需更换新的轴瓦。

(3) 所有零件拆卸后,用 S-105 型清洗剂将油污清洗干净。

(4) 所有的零部件放置物料盆后一定要做好标识,防止后续组装不会错装。

(5) 主轴承盖螺栓多次拆卸若烂牙或者磨损,需更换新的螺栓。

(6) 拆卸过程中,若发现不符合装配时的要求,需记录问题并反馈,以提醒或纠正后续组装作业符合装配要求。

3. 装活塞连杆工位作业指导书

工位号	工序三	工位名称	装活塞连杆
要素序号	1	要素名称	取工装工具

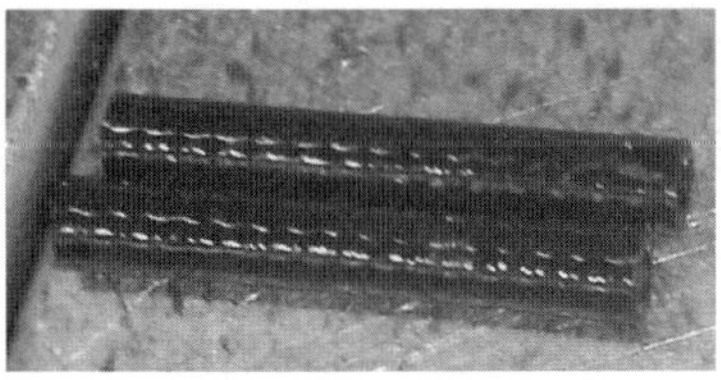

图1

图2

图3

图4

重要度	序号	主要步骤	要 点	原 因
	1	取胶管2根(图1)		
	2	取尼龙锤1个(图2)		
	3	取活塞导套1个(图3)	检查导套内光滑无毛刺、无损伤、无变形	确保装配质量
	4	取自制油壶1个(图4)		

安全(质量)事故记录	日期	说 明

注：✚安全；▽关键；◇重要；PP 推拉；TG 工具；LT 看；FL 听；○基本；□选件。

工位号	工序三	工位名称	装活塞连杆
要素序号	2	要素名称	看连杆轴瓦无漏装/看活塞颜色标记与曲轴箱缸孔颜色标记一致（互检）

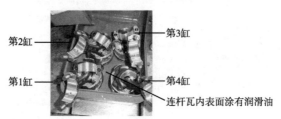

图1

图2

重要度	序号	主要步骤	要 点	原 因
	1	看连杆轴瓦无漏装（互检）（图1）	4个连杆和4个连杆盖上分别装有1片连杆轴瓦	防止漏装零件
	2	看连杆轴瓦内无漏涂润滑油（互检）（图1）	8个连杆轴瓦内表面均匀涂上润滑油	防止漏涂油
	3	看活塞颜色标记与曲轴箱缸孔颜色标记一致（图2）	四个活塞的颜色标记必须与对应的四个曲轴箱缸孔颜色标记一致（互检）	

安全(质量)事故记录	日期	说 明

注：✚安全；Ⓥ关键；◇重要；PP推拉；TG工具；LT看；FL听；〇基本；□选件。

工位号	工序三	工位名称	装活塞连杆
要素序号	3	要素名称	1~4缸孔涂润滑油并检查

图1

重要度	序号	主要步骤	要点	原因
	1	按1~4缸孔顺序分别涂润滑油于缸孔壁	检查曲轴箱缸孔干净无异物,无毛刺和拉伤、无锈蚀等现象	确保装配质量

安全(质量)事故记录	日期	说明

注:✚安全;▽关键;◇重要;㏘推拉;㊆工具;㋡看;㊋听;〇基本;□选件。

工位号	工序三	工位名称	装活塞连杆
要素序号	4	要素名称	按顺序摆放连杆盖

图1

重要度	序号	主要步骤	要点	原因
	1	取选配好的同台套连杆盖摆放在曲轴箱前端上	（1）将连杆盖4件按顺序摆放在曲轴箱前端面（图1）； （2）连杆盖内表面朝上	方便后续作业

安全(质量)事故记录	日期	说　　明

注：✚ 安全；Ⓥ 关键；◇ 重要；㏗ 推拉；TG 工具；LT 看；FL 听；○ 基本；□ 选件。

22

工位号	工序三	工位名称	装活塞连杆
要素序号	5	要素名称	检查活塞连杆总成(互检)

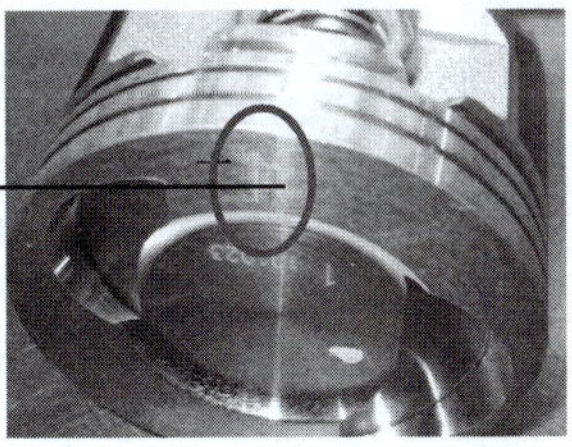

活塞顶面的箭头

活塞顶面的箭头向上

连杆身油孔在右侧

图1 　　　　　　　　图2

重要度	序号	主要步骤	要点	原因
	1	检查活塞连杆总成装配正确	以活塞顶面的箭头向上为基准,要求连杆身的油孔朝向右侧	防止上道工序装错

安全(质量)事故记录	日期	说明

注:✚安全;▽关键;◇重要;⑰推拉;⑯工具;⑰看;⑰听;○基本;□选件。

工位号	工序三	工位名称	装活塞连杆
要素序号	6	要素名称	1缸活塞连杆总成套导套并检查

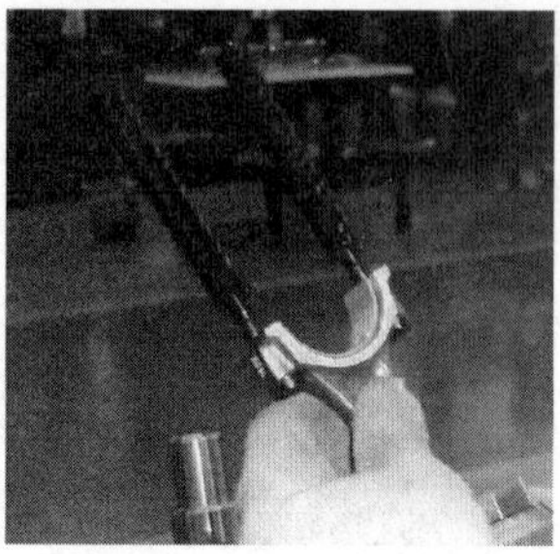

图1 　　　　　　　　图2 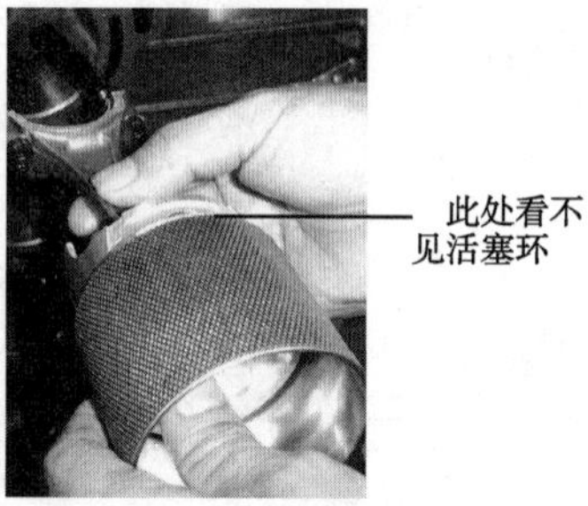　　　　　　　　图3

导套大头端朝下
此处看不见活塞环

重要度	序号	主要步骤	要　点	原　因
	1	将2根胶管套入1缸连杆螺栓（图1）		
	2	取压活塞入缸孔，导套从连杆大头套入活塞连杆总成，导套小头端至活塞裙部（图2）	（1）导套大头端朝下（图2）； （2）压装到（图3）位置，用力均匀，保证导套小头端未漏出活塞环	压装不到位会损伤活塞及活塞环

安全(质量)事故记录	日期	说　明

注：✚安全；▽关键；◇重要；㏘推拉；⑯工具；⑰看；㊋听；○基本；□选件。

工位号	工序三	工位名称	装活塞连杆
要素序号	7	要素名称	活塞连杆总成进1缸并检查

图1 工具移到一缸成水平

图2 用手的大拇指轻推活塞至工具

图3 尼龙锤轻敲活塞进入1缸孔

重要度	序号	主要步骤	要　点	原　因
	1	确认1缸连杆轴颈处于下止点		
	2	双手平推活塞连杆总成进1缸（图1、图2）	(1)活塞顶面向前箭头"△"标记指向发动机前端（曲轴小头）； (2)不能碰伤缸孔	(1)装反发动机转不动，异响，损坏零件； (2)碰伤发动机，异响
	3	左手托住导套，右手拿尼龙手锤轻敲活塞进入1缸缸孔，直至推不动(图3)	确保把活塞环轻敲至完全进缸后方可用力把活塞推至不动	防止用力过度使活塞环断
	4	取下连杆螺栓上防护胶管		

安全(质量)事故记录	日期	说　明

注：✚ 安全；▽ 关键；◇ 重要；⑰ 推拉；⑯ 工具；⑰ 看；⑰ 听；○ 基本；□ 选件。

工位号	工序三	工位名称	装活塞连杆
要素序号	8	要素名称	活塞连杆总成进4缸并检查

第4缸孔位置

图1

重要度	序号	主要步骤	要　点	原　因
	1	按要素序号5~7的作业步骤要求装配4缸活塞连杆总成进4缸		

安全(质量)事故记录	日期	说　明

注:安全;关键;重要;推拉;工具;看;听;基本;选件。

工位号	工序三	工位名称	装活塞连杆
要素序号	9	要素名称	装1、4缸连杆盖并检查

图1

连杆盖方向标记朝向曲轴箱（发动机）后端

图2

重要度	序号	主要步骤	要点	原因
	1	确认1缸连杆大头紧贴连杆轴颈	连杆轴瓦齿口朝向作业人员右侧	方便下道工序
LT	2	将1缸连杆盖套入连杆螺栓并安装到位	（1）连杆盖上的齿口与连杆的齿口在同一侧；（2）连杆盖方向标记朝向曲轴箱后端曲轴大头（图2）；（3）连杆与连杆盖唯一配对	防装错方向
	3	按步骤1和2装4缸连杆盖		

安全(质量)事故记录	日期	说明

注：✚安全；▽关键；◇重要；PP推拉；TG工具；LT看；FL听；○基本；□选件。

工位号	工序三	工位名称	装活塞连杆
要素序号	10	要素名称	预装1、4缸连杆盖螺母

图1

重要度	序号	主 要 步 骤	要 点	原 因
	1	从零件盒取连杆螺母4件分别预紧到1、4缸连杆螺栓上。螺母拧入2~3牙	螺母无烂牙	（1）确保零件质量； （2）防止螺栓和螺母因为错牙损坏螺纹

安全(质量)事故记录	日期	说　明

注：✚ 安全；▽ 关键；◇ 重要；PP 推拉；TG 工具；LT 看；FL 听；○ 基本；□ 选件。

工位号	工序三	工位名称	装活塞连杆
要素序号	11	要素名称	预紧1、4缸连杆螺母

图1

重要度	序号	主 要 步 骤	要 点	原 因
	1	用装有12号套筒的气动定扭扳手分别拧紧1、4缸连杆螺母(图1)	(1)气动定扭扳手设定值:29N·m； (2)工作气压值(静态):0.5~0.7MPa	保证力矩符合规定

安全(质量)事故记录	日期	说 明

注：✚安全；▽关键；◇重要；㉾推拉；㊗工具；㊐看；㊉听；○基本；□选件。

工位号		工序三	工位名称	装活塞连杆
要素序号		12	要素名称	拧紧1、4缸连杆螺母

图1

重要度	序号	主要步骤	要 点	原 因
▽	1	从工具盒取装有12号套筒的扭力扳手1把	（1）检查扭力扳手在有效期内； （2）扭力扳手编号； （3）扭力扳手设定值：29N·m	保证力矩符合规定
FL ▽	2	用扭力扳手分别拧紧1、4缸连杆盖螺母（图1）	（1）匀速扳动力扳手手柄交错对称拧紧，听到"咔嗒"声，停止施加扭力； （2）若扭力扳手不转动或转动不足半圈，需松退螺栓半圈以上，再重新施加扭力； （3）螺栓力矩范围：28～40N·m	（1）力矩过大螺栓牙烂； （2）力矩不够螺母脱落，连杆盖打坏曲轴箱； （3）确保所有螺母已紧固，符合质量要求

安全(质量)事故记录	日期	说　　明

注：✚安全；▽关键；◇重要；PP推拉；TG工具；LT看；FL听；○基本；□选件。

30

工位号	工序三	工位名称	装活塞连杆
要素序号	13	要素名称	检查1、4缸连杆大头侧隙

图1

图2

重要度	序号	主要步骤	要　点	原　因
	1	用手上下摇动连杆大头(图1)		
◇	2	用塞尺测量1、4缸连杆大头侧隙(图2)	(1)连杆大头侧隙:0.1~0.2mm; (2)测量工具:通规0.10mm厚薄规止规0.20mm塞尺	过紧会咬死曲轴,过松有异响

安全(质量)事故记录	日期	说　明

注：✚安全；▽关键；◇重要；PP推拉；TG工具；LT看；FL听；○基本；□选件。

工位号	工序三	工位名称	装活塞连杆
要素序号	14	要素名称	套入转曲轴工具并转曲轴

图1

重要度	序号	主要步骤	要 点	原 因
	1	向顺时针方向旋转手柄使曲轴转过180°左右（图1）	（1）发动机2、3缸连杆轴颈处于下止点位置； （2）旋转曲轴无卡滞现象	（1）方便下工序； （2）确保装配质量

安全(质量)事故记录	日期	说 明

注：✚ 安全；▽ 关键；◇ 重要；⟨PP⟩ 推拉；⟨TG⟩ 工具；⟨LT⟩ 看；⟨FL⟩ 听；○ 基本；□ 选件。

工位号	工序三	工位名称	装活塞连杆
要素序号	15	要素名称	活塞连杆总成进2、3缸安装并检查

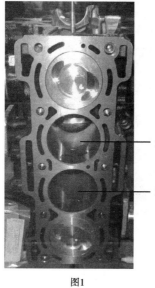

图1

重要度	序号	主要步骤	要　点	原　因
	1	确认1缸活塞顶面处于上止点		
	2	按要素序号5～7的作业步骤要求装配2、3缸活塞连杆总成进缸		
⟨LT⟩	3	检查4个活塞顶面向前箭头"△"标记指向发动机前端（曲轴小头）		（1）装反发动机转不动,异响,损坏零件; （2）碰伤发动机,异响

安全(质量)事故记录	日期	说　明

注：✚ 安全；▽ 关键；◇ 重要；⟨PP⟩ 推拉；⟨TG⟩ 工具；⟨LT⟩ 看；⟨FL⟩ 听；○ 基本；□ 选件。

工位号	工序三	工位名称	装活塞连杆
要素序号	16	要素名称	装2、3缸连杆盖并检查

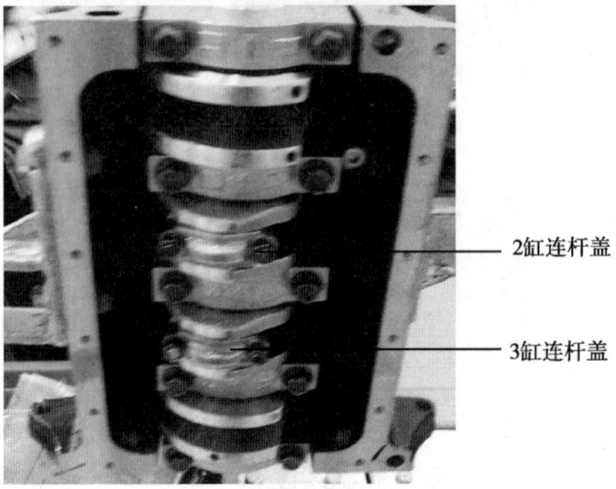

图1

2缸连杆盖
3缸连杆盖

重要度	序号	主要步骤	要点	原因
	1	按要素序号9～12装配2、3缸连杆盖	严格按照工艺要求装配	确保装配质量

安全(质量)事故记录	日期	说明

注：■ 安全；▽ 关键；◇ 重要；⑰ 推拉；⑲ 工具；⑪ 看；⑲ 听；○ 基本；□ 选件。

工位号	工序三	工位名称	装活塞连杆
要素序号	17	要素名称	检查2、3缸连杆大头侧隙

图1 　　图2

重要度	序号	主 要 步 骤	要　　点	原　　因
	1	用手上下摇动连杆大头(图1)		
◇	2	用塞尺测量2、3缸连杆大头侧隙(图2)	(1)连杆大头侧隙：0.1～0.2mm； (2)测量工具：通规0.10mm、止规0.20mm塞尺	过紧会咬死曲轴,过松有异响

安全(质量)事故记录	日期	说　　明

注：✚安全；▽关键；◇重要；PP推拉；TG工具；LT看；FL听；○基本；□选件。

工位号	工序三	工位名称	装活塞连杆
要素序号	18	要素名称	检查曲轴转矩

图1

重要度	序号	主要步骤	要点	原因
	1	用扭力扳手旋转曲轴(图1)	(1)曲轴转矩范围≤10N·m； (2)要求曲轴转动灵活，无卡滞现象	过紧影响发动机正常工作

安全(质量)事故记录	日期	说明

注：✚安全；▽关键；◇重要；PP推拉；TG工具；LT看；FL听；○基本；□选件。

知识拓展

活塞连杆拆卸工艺及注意事项

(1)用定扭扳手拧松2、3缸连杆盖,并取出2、3缸连杆盖及螺母。

要点:拆卸后,各缸连杆盖与连杆体需配对放置,不能混放。

(2)用手将2、3缸连杆体推出,取出2、3缸连杆体并放于物料盆。

要点:拆卸后,各缸连杆盖与连杆体需配对放置,不能混放。

(3)旋转曲轴,重复(1)、(2)步骤,将1、4缸活塞连杆从缸体拆出,并放入物料盆中。

  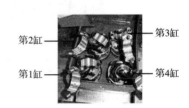

注意事项:

(1)拆卸过程中,注意不能刮伤、刮花各零部件。

(2)拆卸后,各缸连杆盖与连杆体需配对放置,不能混放。

(3)所有零件拆卸后,用S-105型清洗剂将油污清洗干净。

(4)所有的零部件放置物料盆后一定要做好标识,防止后续组装不会错装。

(5)连杆体螺栓及连杆螺母多次拆卸若烂牙或者磨损,需更换新的零件。

(6)拆卸过程中,若发现不符合装配时的要求,需记录问题并反馈,以提醒或纠正后续组装作业符合装配要求。

4. 装缸盖工位作业指导书

工位号	工序四	工位名称	装缸盖
要素序号	1	要素名称	取零件和工具

图1 汽缸垫总成

图2 汽缸盖连接螺栓、12号套筒

图3 定位套筒

重要度	序号	主 要 步 骤	要 点	原 因
	1	取缸盖定位套筒、汽缸盖连接螺栓 M10×1.25×87、汽缸垫总成于线旁零件盒(图1~图3)		防止错装零件

安全(质量)事故记录	日期	说　明

注：✚ 安全；▽ 关键；◇ 重要；PP 推拉；TG 工具；LT 看；FL 听；○ 基本；□ 选件。

工位号	工序四	工位名称	装缸盖
要素序号	2	要素名称	转动曲轴,使1、4缸活塞处于上止点

转动曲轴，1、4缸活塞端面与曲轴箱端面不平齐
图1

转动曲轴，1、4缸活塞端面与曲轴箱端面平齐
图2

重要度	序号	主要步骤	要点	原因
⟨LT⟩	1	转动曲轴一圈,使1、4缸活塞处于上止点(图1)	检查1、4缸活塞顶面须平齐曲轴箱端面(互检)(图2)	防止装错曲轴

安全(质量)事故记录	日期	说　明

注：✚安全；▽关键；◇重要；⟨PP⟩推拉；⟨TG⟩工具；⟨LT⟩看；⟨FL⟩听；○基本；□选件。

39

工位号		工序四	工位名称	装缸盖
要素序号		3	要素名称	清洁曲轴箱顶面

图1

"▲"标记
图2

重要度	序号	主要步骤	要　　点	原　　因
◇LT	1	从零件盒取棉布1块	要求棉布干净,棉线不脱落	避免曲轴箱顶面有杂质使密封面漏油漏水
	2	用棉布清洁曲轴箱顶面	(1)清洁曲轴箱顶面及4个活塞顶面的油污、杂质; (2)看4件活塞顶面"▲"标记统一指向曲轴箱前端(互检)	(1)避免曲轴箱顶面有杂质使密封面漏油漏水; (2)避免上道工序装错活塞

安全(质量)事故记录	日期	说　　明

注:✚安全;▽关键;◇重要;PP推拉;TG工具;LT看;FL听;○基本;□选件。

工位号	工序四	工位名称	装缸盖
要素序号	4	要素名称	装汽缸盖定位销并检查

图1（防错定位销）　图2（汽缸盖定位销）

重要度	序号	主要步骤	要点	原因
◇LT	1	取汽缸盖防错定位销插进曲轴箱端面油孔（图1）	必须置于油孔位置	防止装反汽缸盖垫片
◇LT	2	取汽缸盖定位销2件	汽缸盖定位销有无毛刺、飞边等质量缺陷	装配到位，防止脱落
	3	装入曲轴箱顶面的定位孔内（图2）	压装到位，要求定位销与曲轴箱顶面垂直，不歪斜	压装到位防止脱落

安全(质量)事故记录	日期	说明

注：✚ 安全；▽ 关键；◇ 重要；PP 推拉；TG 工具；LT 看；FL 听；○ 基本；□ 选件。

工位号		工序四	工位名称	装缸盖
要素序号		5	要素名称	装汽缸垫并检查

图1 — 汽缸垫油孔、排气侧、进气侧

图2 — 标记为："465Q-2A排"，朝上装在发动机排气侧

重要度	序号	主要步骤	要　点	原　因
	1	从零件盒取汽缸垫总成1件	（1）看汽缸垫总成表面，要求表面平整、均匀，无皱折、分层剥落等质量缺陷； （2）对应机型装配汽缸垫总成	（1）防止漏油； （2）防止装错汽缸垫
	2	安装汽缸垫总成并检查	（1）安装时，汽缸垫上标记为"465Q-2A 排"朝上装在发动机排气侧（图1）； （2）曲轴箱上端面的油孔与汽缸垫的油孔对正，不得装反（图2）	防止装错、装反不上油
	3	取下汽缸盖防错定位销		

安全(质量)事故记录	日期	说　明

注：✚ 安全；▽ 关键；◇ 重要；PP 推拉；TG 工具；LT 看；FL 听；○ 基本；□ 选件。

工位号		工序四	工位名称	装缸盖
要素序号		6	要素名称	将缸盖总成搬至流水线
重要度	序号	主要步骤	要点	原因
✚	1	将汽缸盖总成搬运至流水线	（1）搬运平稳； （2）缸盖吊起必须高于曲轴箱垫片端面	避免汽缸盖总成掉落,造成损伤
安全(质量)事故记录		日期	说　明	

注:✚ 安全;▽ 关键;◇ 重要;PP 推拉;TG 工具;LT 看;FL 听;○ 基本;□ 选件。

工位号		工序四	工位名称	装缸盖
要素序号		7	要素名称	装汽缸盖总成
重要度	序号	主要步骤	要点	原因
	1	安装汽缸盖总成于曲轴箱的上端面	安装时,汽缸盖总成2个定位销孔与定位销对正,平稳缓慢放下;安装后汽缸盖总成平贴于曲轴箱的上端面,不得翘倾	防止碰伤汽缸垫漏油
安全(质量)事故记录		日期	说　明	

注:✚ 安全;▽ 关键;◇ 重要;PP 推拉;TG 工具;LT 看;FL 听;○ 基本;□ 选件。

工位号		工序四	工位名称	装缸盖
要素序号		8	要素名称	取工具和零件

图1

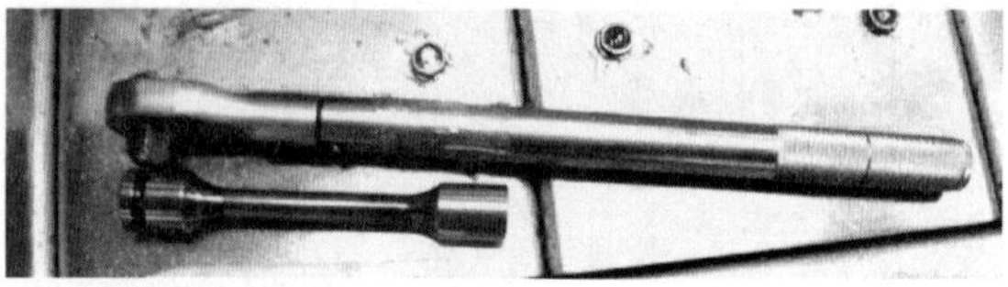

图2

重要度	序号	主要步骤	要点	原因
	1	取汽缸盖连接螺栓 M10×1.25×87 放置于流水线料盒	每台 10 件	防止装错零件
	2	取 14 号长杆套筒 1 件、扭力扳手 1 把、油性笔 1 支放置于流水线	力矩设定值:70N·m	保证装配力矩

安全(质量)事故记录	日期	说明

注:✢ 安全;▽ 关键;◇ 重要;PP 推拉;TG 工具;LT 看;FL 听;○ 基本;□ 选件。

工位号	工序四	工位名称	装缸盖
要素序号	9	要素名称	确认汽缸盖/汽缸垫无错装(自检)

图1

重要度	序号	主要步骤	要点	原因
	1	确认汽缸盖总成和机型状态对应		
	2	检查汽缸垫无漏装无装反		
	3	用油性笔于排气侧作标记(图1)	在排气侧缸垫凸出处用油性笔作标记	防止装错零件

安全(质量)事故记录	日期	说明

注:✚安全;▽关键;◇重要;㉴推拉;㊆工具;㋮看;㋳听;○基本;□选件。

45

工位号	工序四	工位名称	装缸盖
要素序号	10	要素名称	装汽缸盖螺栓

图1

重要度	序号	主要步骤	要点	原因
	1	取10件汽缸盖连接螺栓装入汽缸盖总成对应安装孔	螺栓无漏装垫片,螺栓无碰伤	质量要求

安全(质量)事故记录	日期	说明

注:✚ 安全;▽ 关键;◇ 重要;㏘ 推拉;TG 工具;LT 看;FL 听;○ 基本;□ 选件。

工位号	工序四	工位名称	装缸盖
要素序号	11	要素名称	预紧汽缸盖连接螺栓并检查

汽缸盖连接螺栓拧紧顺序示意图

前 ○9 ○4 ○1 ○6 ○7 后
　　○10 ○5 ○2 ○3 ○8
排气侧

图1　　　　　　　图2

重要度	序号	主要步骤	要点	原因
▽	1	取气动定扭扳手1把	（1）气动定扭扳手设定值:56N·m； （2）工作气压值(静态):0.5~0.7MPa	保证装配力矩
	2	把14号长杆套筒装上气动定扭扳手		
	3	用气动定扭扳手拧紧螺栓（图1）	拧紧顺序按图2"汽缸盖连接螺栓拧紧顺序示意图"	避免受力不均匀

安全(质量)事故记录	日期	说　明

注：✚安全；▽关键；◇重要；(PP)推拉；(TG)工具；(LT)看；(FL)听；○基本；□选件。

工位号		工序四	工位名称	装缸盖
要素序号		12	要素名称	拧紧汽缸盖连接螺栓并检查

图1

图2

图3

重要度	序号	主 要 步 骤	要　　　点	原　　因
▽	1	用扭力扳手拧紧汽缸盖连接螺栓(图1)。	(1)拧紧顺序按图3"汽缸盖连接螺栓拧紧顺序示意图"; (2)匀速扳动扭力扳手手柄,听到"咔嗒"声,停止施加扭力; (3)若扭力扳手不转动或转动不足半圈,需松退螺栓半圈以上,再重新施加扭力; (4)螺栓力矩范围:55～68N·m	保证装配力矩,防止力矩过大或过小和漏拧紧
	2	确认合格,用油性笔于进气侧作标记(图2)	在汽缸盖靠后端的第4缸进气口上部的连接螺纹凸台外壁用油性笔作标记	便于质量追溯
	3	确认,托盘放行		

安全(质量)事故记录	日期	说　　明

注:✚ 安全;▽ 关键;◇ 重要;(PP) 推拉;(TG) 工具;(LT) 看;(FL) 听;○ 基本;□ 选件。

**知识拓展**

缸盖拆卸工艺及注意事项

(1)用定扭扳手拧松连杆盖连接螺栓,取出连接螺栓10件并放置于物料盆。

要点:拆卸顺序与拧紧时的顺序正好相反。

(2)依次取出汽缸盖、汽缸垫、定位套(2件),放于物料盆中。

要点:拆卸后,各缸连杆盖与连杆体需配对放置,不能混放。

注意事项:

(1)拆卸过程中,注意不能刮伤、刮花各零部件。

(2)所有零件拆卸后,用S-105型清洗剂将油污清洗干净。

(3)所有的零部件放置物料盆后一定要做好标识,防止后续组装不会错装。

(4)缸盖连接螺栓多次拆卸若烂牙或者磨损,需换用新的零件。

(5)拆卸过程中,若发现不符合装配时的要求,需记录问题并反馈,以提醒或纠正后续组装作业符合装配要求。

5. 装凸轮轴及摇臂工位作业指导书

工位号	工序五	工位名称	装凸轮轴及摇臂
要素序号	1	要素名称	检查气门锥形锁块及气门弹簧座装配到位,无松脱(互检)

图1

重要度	序号	主要步骤	要 点	原 因
⟨LT⟩	1	检查气门锥形锁块及气门弹簧座装配到位,无松脱(互检)		
	2	旋转托盘,使后端朝向自己		

安全(质量)事故记录	日期	说 明

注:✚ 安全;▽ 关键;◇ 重要;⟨PP⟩ 推拉;⟨TG⟩ 工具;⟨LT⟩ 看;⟨FL⟩ 听;○ 基本;□ 选件。

工位号	工序五	工位名称	装凸轮轴及摇臂
要素序号	2	要素名称	涂润滑油并检查

图1

重要度	序号	主要步骤	要　点	原　因
	1	取自制油瓶1支	润滑油型号：SF 15W/40	工艺要求
	2	分别在凸轮轴安装孔内表面均匀涂润滑油(图1)		

安全(质量)事故记录	日期	说　明

注：✚ 安全；▽ 关键；◇ 重要；PP 推拉；TG 工具；LT 看；FL 听；○ 基本；□ 选件。

工位号		工序五	工位名称	装凸轮轴及摇臂
要素序号		3	要素名称	取凸轮轴和工具

图1 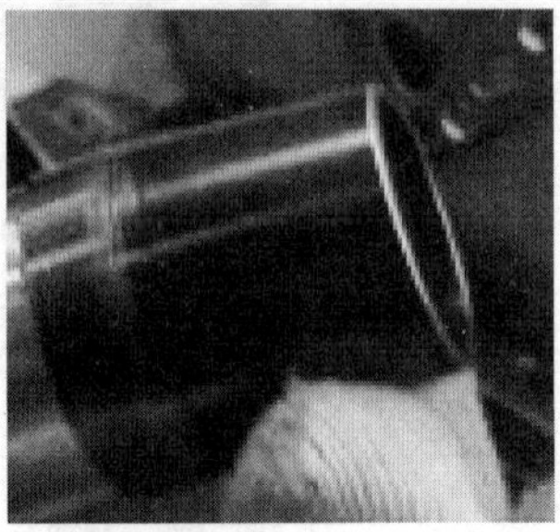　　　　　　　　　图2

重要度	序号	主要步骤	要点	原因
	1	取凸轮轴总成1件（图1）	看凸轮轴总成无锈蚀，无残损	（1）防止装错零件； （2）确保零件质量
	2	取凸轮轴导套工具1件（图2）		

安全(质量)事故记录	日期	说　明

注：✚ 安全；▽ 关键；◇ 重要；⒫ 推拉；⒯ 工具；⒧ 看；⒡ 听；○ 基本；□ 选件。

工位号	工序五	工位名称	装凸轮轴及摇臂
要素序号	4	要素名称	装凸轮轴并检查

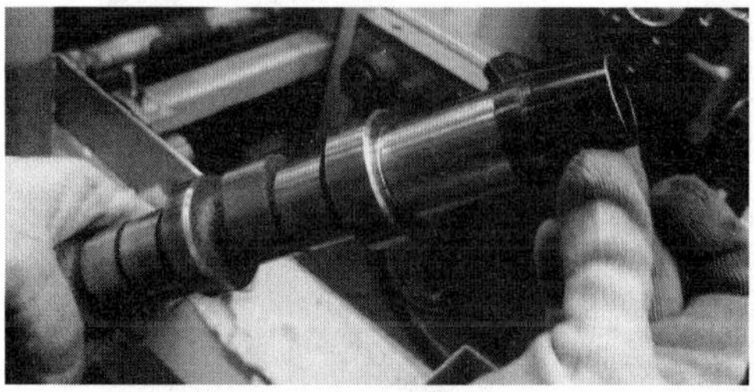

图1 　　　　　　　　　　　图2

重要度	序号	主要步骤	要　点	原　因
TG	1	把凸轮轴专用工具套入凸轮轴前端(图1)	工具套到位	
	2	把凸轮轴旋装入凸轮轴内径中(图2)	装配时不得碰伤配合面和油封唇口	工艺要求
	3	取下凸轮轴专用工具导套放回工具盆		
	4	用手转动凸轮轴后端，检查凸轮轴转动灵活性	凸轮轴转动灵活,无卡滞现象	工艺要求

安全(质量)事故记录	日期	说　明

注：✚安全；▽关键；◇重要；PP 推拉；TG 工具；LT 看；FL 听；○基本；□选件。

工位号	工序五	工位名称	装凸轮轴及摇臂
要素序号	5	要素名称	预装凸轮轴推力板并检查

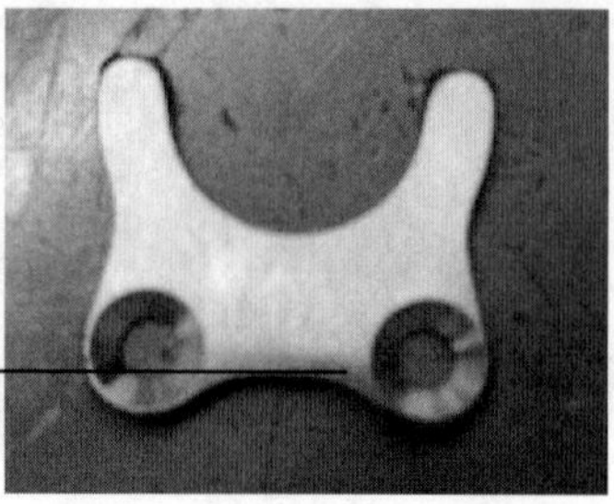

图1 　　　　　　　　　图2

重要度	序号	主 要 步 骤	要　　　点	原　　因
	1	取凸轮轴推力板1件		工艺要求
	2	将凸轮轴推力板装在汽缸盖后端面并检查(图2)		工艺要求

安全(质量)事故记录	日期	说　　　明

注:✚ 安全;▽ 关键;◇ 重要;PP 推拉;TG 工具;LT 看;FL 听;○ 基本;□ 选件。

工位号		工序五	工位名称	装凸轮轴及摇臂
要素序号		6	要素名称	拧紧凸轮轴推力板螺钉并检查

十字槽沉头螺钉

图1　　　　　　　　图2　　　　　　　　图3

重要度	序号	主要步骤	要　点	原　因
	1	右手取套有十字螺丝刀定扭扳手1把	定扭扳手设定值：10N·m	工艺要求
	2	左手取十字槽沉头螺钉M6×12(2件)(图1)	要求无变形，螺牙完好	确保零件质量
	3	右手将定扭扳手十字螺丝刀对准十字槽沉头螺钉头，并将十字槽沉头螺钉(2件)装配到汽缸盖安装孔并拧紧(图2)	(1)螺钉力矩范围：9~12N·m；(2)推力板安装面平贴汽缸盖安装面	保证装配力矩
⟨PP⟩	4	用手转动凸轮轴后端，检查凸轮轴转动灵活性	(1)凸轮轴转动灵活，无卡滞现象；(2)凸轮轴半圆键槽朝上(图2)	(1)工艺要求；(2)方便下道工序

安全(质量)事故记录	日期	说　明

注：✚ 安全；▽ 关键；◇ 重要；⟨PP⟩ 推拉；⟨TG⟩ 工具；⟨LT⟩ 看；⟨FL⟩ 听；○ 基本；□ 选件。

55

工位号	工序五	工位名称	装凸轮轴及摇臂
要素序号	7	要素名称	自检合格

图1

图2

重要度	序号	主要步骤	要点	原因
	1	自检合格,作自检标识(图2)	凸轮轴推力板装入凸轮轴凹槽内,十字槽沉头螺钉安装面平贴推力板(图1)	工艺要求
	2	检查合格		

安全(质量)事故记录	日期	说明

注:■安全;▽关键;◇重要;PP推拉;TG工具;LT看;FL听;○基本;□选件。

工位号	工序五	工位名称	装凸轮轴及摇臂
要素序号	8	要素名称	装摇臂并检查

图1　　　　　　　　　　图2　　　　　　　　图3

重要度	序号	主要步骤	要　　点	原　　因
LT	1	取摇臂总成(图1)	看摇臂无残损	确保零件质量
	2	左右手各取摇臂2件,将摇臂装入汽缸盖摇臂孔并检查(图2)	(1)左手装进气侧摇臂调整螺钉,无槽端正对进气侧气门杆端; (2)右手装排气侧摇臂调整螺钉正对排气侧气门杆端	装配要求
	3	重复步骤2,左右手各取摇臂2件装入摇臂孔内(图3)		

安全(质量)事故记录	日期	说　　明

注:✚安全;▽关键;◇重要;PP推拉;TG工具;LT看;FL听;○基本;□选件。

工位号	工序五	工位名称	装凸轮轴及摇臂
要素序号	9	要素名称	装摇臂轴并检查

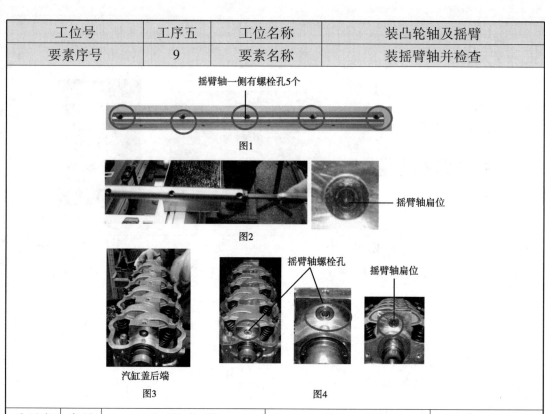

图1

图2

图3

图4

重要度	序号	主要步骤	要点	原因
	1	取摇臂轴总成1件并检查(图1)	看摇臂轴无锈蚀、无残损	(1)防止装错零件；(2)确保零件质量
	2	把摇臂轴专用工具套入摇臂轴带扁位端锥形螺塞内(图2)	(1)摇臂轴扁位于汽缸盖前端；(无扁位端朝向工作者)；(2)摇臂轴有螺栓孔5个侧朝上	(1)确保装配正确；(2)方便下道工序
	3	将摇臂轴旋入摇臂轴内径中(图3)	装配时摇臂轴5个螺钉孔朝上(图4)	方便下道工序

安全(质量)事故记录	日期	说明

注：✚安全；▽关键；◇重要；PP推拉；TG工具；LT看；FL听；○基本；□选件。

工位号		工序五	工位名称	装凸轮轴及摇臂
要素序号		10	要素名称	预装摇臂轴螺栓

缸盖防护罩

图1 　　图2

重要度	序号	主要步骤	要点	原因
⟨TG⟩	1	取六角螺栓——加大系列 M6×16（5件）装入相应螺栓孔	螺栓须用手预紧2~3牙	防止漏油
	2	取缸盖防护罩，并罩在缸盖上（图1）		防止螺栓掉入缸盖
	3	预装摇臂轴螺栓2~3牙	无错装漏装	
	4	预装好5个螺栓后，取下缸盖防护罩		方便下工序

安全(质量)事故记录	日期	说明

注：✚ 安全；▽ 关键；◇ 重要；⟨PP⟩ 推拉；⟨TG⟩ 工具；⟨LT⟩ 看；⟨FL⟩ 听；○ 基本；□ 选件。

工位号	工序五	工位名称	装凸轮轴及摇臂
要素序号	11	要素名称	拧紧摇臂轴螺栓并检查

图1　　　　　　　图2

重要度	序号	主要步骤	要点	原因
	1	取套有10号套筒的气动定扭扳手1把	定扭扳手设定值：10N·m	确保装配力矩
	2	用定扭扳手从内到外依次拧紧摇臂轴螺栓（图1、图2）	(1)依次拧紧带肩螺栓； (2)套筒垂直于螺栓安装面； (3)拧紧力矩：9~12N·m； (4)空气压力：0.5~0.7MPa； (5)螺栓平贴汽缸盖安装面	确保装配质量

安全(质量)事故记录	日期	说　明

注：■安全；▽关键；◇重要；PP推拉；TG工具；LT看；FL听；○基本；□选件。

工位号	工序五	工位名称	装凸轮轴及摇臂
要素序号	12	要素名称	装凸轮轴后端盖（凸轮轴位置传感器座）

后端盖定位销

图1 　　　　　　　图2

重要度	序号	主要步骤	要点	原因
	1	将后端盖定位销装入槽中（图1）		工艺要求
	2	将厌氧胶滴入后端盖螺孔中（图2）		工艺要求

安全（质量）事故记录	日期	说明

注：✚ 安全；Ⓥ 关键；◇ 重要；㏘ 推拉；TG 工具；LT 看；FL 听；○ 基本；□ 选件。

工位号	工序五	工位名称	装凸轮轴及摇臂
要素序号	13	要素名称	装凸轮轴后端盖 （凸轮轴位置传感器座）

图1

图2

重要度	序号	主要步骤	要点	原因
	1	检查垫片是否完好并按定位销孔安装垫片	检查垫片是否损坏	工艺要求
	2	预装后端盖，预拧1个 M8×16 带肩螺栓 2~3 牙		方便下工序

安全(质量)事故记录	日期	说明

注：✚ 安全；▽ 关键；◇ 重要；⑨ 推拉；⑩ 工具；⑪ 看；⑫ 听；○ 基本；□ 选件。

工位号	工序五	工位名称	装凸轮轴及摇臂
要素序号	14	要素名称	预紧带肩螺栓并检查

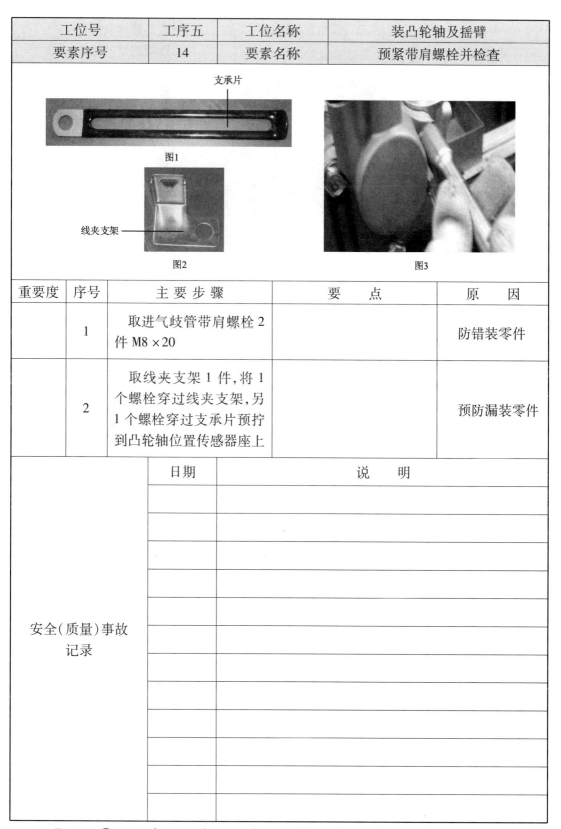

图1 支承片
图2 线夹支架
图3

重要度	序号	主要步骤	要点	原因
	1	取进气歧管带肩螺栓2件 M8×20		防错装零件
	2	取线夹支架1件,将1个螺栓穿过线夹支架,另1个螺栓穿过支承片预拧到凸轮轴位置传感器座上		预防漏装零件

安全(质量)事故记录	日期	说明

注:✚安全;▽关键;◇重要;㉆推拉;㊉工具;㊐看;㊍听;○基本;□选件。

工位号	工序五	工位名称	装凸轮轴及摇臂
要素序号	15	要素名称	拧紧带肩螺栓并检查

图1

重要度	序号	主 要 步 骤	要　点	原　因
	1	取带12号套筒的定扭扳手1把	定扭扳手设定值：16N·m	工艺要求
	2	用定扭扳手拧紧凸轮轴位置传感器座螺栓	（1）螺栓端面与凸轮轴位置传感器座平贴； （2）螺栓力矩范围：15～18N·m	工艺要求

安全(质量)事故记录	日期	说　明

注：✚ 安全；▽ 关键；◇ 重要；PP 推拉；TG 工具；LT 看；FL 听；○ 基本；□ 选件。

工位号	工序五	工位名称	装凸轮轴及摇臂
要素序号	16	要素名称	预装、拧紧螺栓并检查

图1

重要度	序号	主 要 步 骤	要 点	原 因
	1	取凸轮轴位置传感器1件并检查	检查凸轮轴位置传感器外观完好，无漏O形密封圈	
	2	装凸轮轴位置传感器		
	3	涂油		
	4	取13号套筒1把，用套筒把2个螺栓预装到凸轮轴位置传感器座上	（1）穿支承片螺栓装在左侧； （2）穿线夹支架螺栓装在右侧； （3）螺栓拧入2~3牙	防止错牙损坏零件

安全(质量)事故记录	日期	说 明

注：✚ 安全；Ⓥ 关键；◇ 重要；⟨PP⟩ 推拉；⟨TG⟩ 工具；⟨LT⟩ 看；⟨FL⟩ 听；○ 基本；□ 选件。

工位号		工序五	工位名称	装凸轮轴及摇臂
要素序号		17	要素名称	取扭力扳手拧紧凸轮轴位置传感器座螺栓并画自检标识

图1

重要度	序号	主要步骤	要点	原因
	1	取扭力扳手拧紧凸轮轴位置传感器座螺栓（图1）	（1）扭力扳手设定值：16N·m （2）螺栓力矩范围：15～18N·m	确保装配质量
	2	自检合格，取蓝色油性笔在凸轮轴位置传感器座下端螺栓头画自检标识	标识应清晰可见	确保装配质量

安全(质量)事故记录	日期	说　明

注：✚ 安全；▽ 关键；◇ 重要；PP 推拉；TG 工具；LI 看；FL 听；○ 基本；□ 选件。

 知识拓展

凸轮轴及摇臂拆卸工艺及注意事项

（1）用定扭扳手拧松凸轮轴位置传感器螺栓，取出凸轮轴位置传感器、凸轮轴位置传感器座、线束支架、支承片、凸轮轴位置传感器座螺栓、后端盖定位销、后端盖垫片，放于物料盆中。

 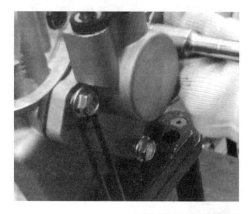

（2）拆卸摇臂轴螺钉，取出摇臂轴、摇臂，放于物料盆中。

(3)拆卸凸轮轴推力板及十字槽沉头螺钉,取出凸轮轴,放于物料盆中。

6. 装进排气双头螺柱、封水端盖、曲轴后端盖工位作业指导书

工位号	工序六	工位名称	装进排气双头螺柱、封水端盖、曲轴后端盖
要素序号	1	要素名称	装后端盖定位套并检查

图1 　　图2　　将定位套安装到曲轴后端

重要度	序号	主要步骤	要点	原因
	1	从线旁零件盒里取出2个定位套		
	2	依次将定位套安装到曲轴后端的2个定位套孔中	定位套安装到位，不出现歪斜现象	确保装配质量
	3	擦拭曲轴大头		

安全(质量)事故记录	日期	说　明

注：✢ 安全；▽ 关键；◇ 重要；PP 推拉；TG 工具；LT 看；FL 听；○ 基本；□ 选件。

工位号	工序六	工位名称	装进排气双头螺柱、封水端盖、曲轴后端盖
要素序号	2	要素名称	装后端盖密封垫并检查

图1

将定位套安装到曲轴后端

图2

重要度	序号	主要步骤	要　点	原　因
	1	从线旁零件盒里取出1件后端盖密封垫	密封垫应无脱胶、断裂、脱层	(1)保证零件质量； (2)密封垫损坏导致漏油
	2	将后端盖密封垫装到曲轴后端盖安装面上	(1)密封垫穿过定位套贴到安装面上，要求贴紧，不出现松脱现象； (2)密封垫孔与曲轴箱后端螺栓孔对应	(1)防止密封垫松脱，漏油； (2)装配位置正确，防止漏油

安全(质量)事故记录	日期	说　明

注：✚ 安全；▽ 关键；◇ 重要；PP 推拉；TG 工具；LT 看；FL 听；○ 基本；□ 选件。

工位号		工序六	工位名称	装进排气双头螺柱、封水端盖、曲轴后端盖
要素序号		3	要素名称	使用后油封工具装曲轴后端盖

曲轴后端盖总成　　　　后油封工具

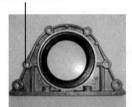　　

图1　　　　　　　　图2　　　　　　　　图3

重要度	序号	主要步骤	要　点	原　因
㊧TG	1	取装后油封工具	工具应保持干净无沾带异物,无碰凹及变形	工具粘带异物及变形会损伤油封唇口,导致漏油
	2	从物料架取曲轴后端盖总成1件	(1)禁止手触油封唇口; (2)禁止摆放在装配线上; (3)后端盖总成油封唇口无铲边、无异物	手碰伤油封唇口或油封唇口铲边、沾异物导致漏油
	3	将后端盖压装到曲轴后端	(1)压装工具凸出部位对应曲轴大头中心孔; (2)后端盖装配面紧贴曲轴箱后端安装面	防止碰伤油封唇口,碰伤油封唇口漏油
	4	取下装后油封工具并放回工具盒		

安全(质量)事故记录	日期	说　明

注:✚安全;▽关键;◇重要;㏘推拉;㊧TG工具;㊧LT看;㊧FL听;○基本;□选件。

工位号	工序六	工位名称	装进排气双头螺柱、封水端盖、曲轴后端盖
要素序号	4	要素名称	预紧螺栓

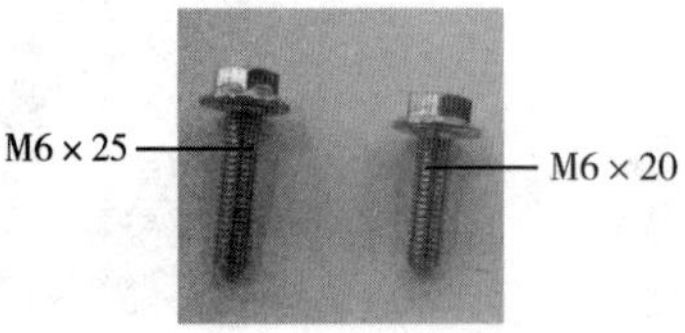

图1

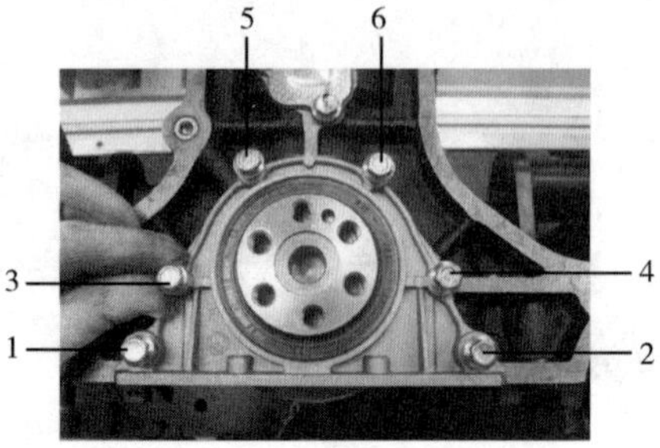

图2

重要度	序号	主要步骤	要点	原因
	1	取 M6×20 带肩螺栓 4 件和 M6×25 带肩螺栓 2 件		
	2	将 4 件 M6×20 带肩螺栓装入螺孔中，用手预紧螺栓 2～3 牙	图 2 中 3、4、5、6 为 M6×20 带肩螺栓	防止错牙损坏螺纹
	3	将 2 件 M6×25 带肩螺栓装入螺孔中，用手预紧螺栓 2～3 牙	图 2 中 1、2 为 M6×25 带肩螺栓	防止错牙损坏螺纹

安全（质量）事故记录	日期	说明

注：✚安全；▽关键；◇重要；◇PP推拉；◇TG工具；◇LT看；◇FL听；○基本；□选件。

工位号	工序六	工位名称	装进排气双头螺柱、封水端盖、曲轴后端盖
要素序号	5	要素名称	拧紧螺栓

图1

重要度	序号	主 要 步 骤	要 点	原 因
	1	取气动定扭扳手套上10号套筒	（1）气动定扭扳手设定值:10N·m； （2）工作气压值（静态）：0.5~0.7MPa	确保装配力矩
	2	用气动定扭扳手拧紧后端盖螺栓	（1）拧紧带肩螺栓顺序如图1所示； （2）螺栓与安装孔平面平贴； （3）定扭扳手套筒垂直于螺栓安装面； （4）力矩范围：9~12N·m	确保所有螺栓已紧固,符合质量要求

安全(质量)事故记录	日期	说 明

注：✚安全；▽关键；◇重要；PP推拉；TG工具；LT看；FL听；◯基本；☐选件。

工位号	工序六	工位名称	装进排气双头螺柱、封水端盖、曲轴后端盖
要素序号	6	要素名称	做自检标识

图1　　　　　　　图2

图3

重要度	序号	主要步骤	要点	原因
	1	拧紧曲轴后端盖螺栓后,确认已拧紧做标识		防止漏做标识
	2	检查后油封是否安装完好	检查后油封无翻边,无异物	防止漏油
	3	检查后端盖密封垫	是否折叠或损坏	防止错漏装

安全(质量)事故记录	日期	说　明

注:✚ 安全;▽ 关键;◇ 重要;㏘ 推拉;㊢ 工具;㏐ 看;㏑ 听;○ 基本;□ 选件。

工位号	工序六	工位名称	装进排气双头螺柱、封水端盖、曲轴后端盖
要素序号	7	要素名称	取零件和工具

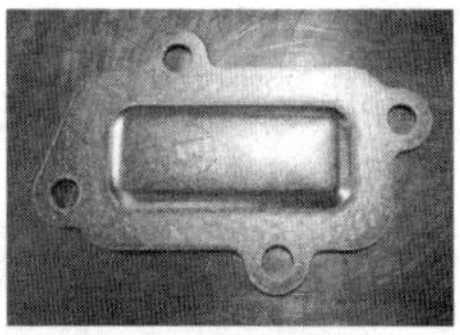

图2

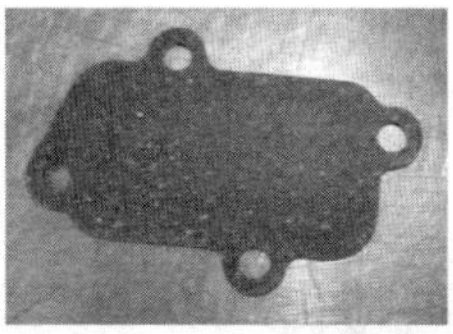

图1

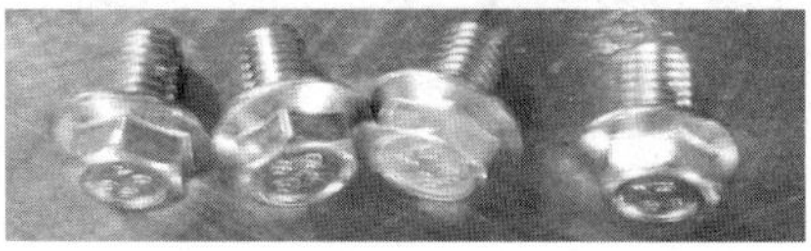

图3

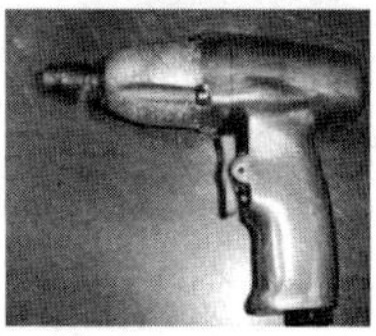

图4

重要度	序号	主要步骤	要点	原因
	1	取封水端盖1件(图2)		工艺要求
	2	取封水端盖密封垫1件(图1)		工艺要求
	3	取带肩螺栓M6×10(4个)(图3)		工艺要求
	4	定扭扳手和10号套筒(图4)	气动定扭扳手力矩设定值:4N·m	工艺要求

安全(质量)事故记录	日期	说明

注:✚安全;▽关键;◇重要;PP推拉;TG工具;LT看;FL听;○基本;□选件。

工位号	工序六	工位名称	装进排气双头螺柱、封水端盖、曲轴后端盖
要素序号	8	要素名称	装封水端盖

封水端盖在封水端盖密封垫的上面

图1

图2

图3

重要度	序号	主要步骤	要点	原因
	1	取封水端盖密封垫和封水端盖放置于曲轴箱上的安装面(图1、图2)	封水端盖、封水端盖密封垫、曲轴箱上的安装面的螺孔三者对正装配(图1)	工艺要求
	2	取带肩螺栓 M6×10 (4个)分别拧入曲轴箱安装孔(图3)		

安全(质量)事故记录	日期	说明

注：✚ 安全；▽ 关键；◇ 重要；⓪ 推拉；⓪ 工具；⓪ 看；⓪ 听；○ 基本；□ 选件。

工位号	工序六	工位名称	装进排气双头螺柱、封水端盖、曲轴后端盖
要素序号	9	要素名称	拧紧封水端盖螺栓

图1

重要度	序号	主要步骤	要点	原因
	1	取带有10号套筒的定扭扳手	工作气压值(静态)：0.5~0.7MPa	
	2	拧紧封水端盖螺栓	(1)力矩范围为4~5N·m； (2)要求对角拧紧螺栓	超力矩损坏垫片,力矩不够导致漏水
安全(质量)事故记录		日期	说　明	

注：✚ 安全；Ⓥ 关键；◇ 重要；㏚ 推拉；TG 工具；LT 看；FL 听；○ 基本；□ 选件。

工位号		工序六	工位名称	装进排气双头螺柱、封水端盖、曲轴后端盖
要素序号		10	要素名称	做自检标识

图1

重要度	序号	主要步骤	要点	原因
	1	做自检标识	如图1所示	

安全(质量)事故记录	日期	说明

注:✚ 安全;▽ 关键;◇ 重要;⒫ 推拉;⒯⒢ 工具;⒧⒯ 看;⒡⒧ 听;○ 基本;□ 选件。

工位号		工序六	工位名称	装进排气双头螺柱、封水端盖、曲轴后端盖
要素序号		11	要素名称	预装进气歧管双头螺柱

进气歧管紧固双头螺柱 —— —— 排气歧管紧固双头螺柱

图1

注：进气歧管紧固双头螺柱较短，排气歧管紧固双头螺柱较长。

汽缸盖进气侧　　　　进气歧管紧固双头螺柱4件　排气歧管紧固双头螺柱1件

图2　　　　　图3

重要度	序号	主要步骤	要点	原因
	1	取进气歧管双头螺柱4个（图1）	要求螺牙完好	确保零件质量
	2	将双头螺柱短螺纹一端装入进气侧下端安装孔并预紧（图3）	拧入2～3牙	工艺要求
	3	取排气歧管双头螺柱1个		
	4	将双头螺柱短螺纹一端装入进气一侧右上端螺孔并预紧（图3）	拧入2～3牙	工艺要求

安全(质量)事故记录	日期	说　　明

注：✚ 安全；▽ 关键；◇ 重要；(PP) 推拉；(TG) 工具；(LT) 看；(FL) 听；○ 基本；□ 选件。

工位号	工序六	工位名称	装进排气双头螺柱、封水端盖、曲轴后端盖
要素序号	12	要素名称	拧紧进气歧管双头螺柱

图1

重要度	序号	主要步骤	要点	原因
	1	取定扭扳手套上M8螺母	如图1所示	
	2	拧紧进气歧管双头螺柱	拧紧力矩为17~21N·m	工艺要求
安全(质量)事故记录		日期	说明	

注:✚ 安全;▽ 关键;◇ 重要;PP 推拉;TG 工具;LT 看;FL 听;○ 基本;□ 选件。

工位号	工序六	工位名称	装进排气双头螺柱、封水端盖、曲轴后端盖
要素序号	13	要素名称	旋转托盘

重要度	序号	主要步骤	要点	原因
	1	旋转托盘,排气侧朝向自己		
安全(质量)事故记录		日期	说明	

注:✚ 安全;▽ 关键;◇ 重要;PP 推拉;TG 工具;LT 看;FL 听;○ 基本;□ 选件。

工位号	工序六	工位名称	装进排气双头螺柱、封水端盖、曲轴后端盖
要素序号	14	要素名称	预紧排气歧管双头螺柱

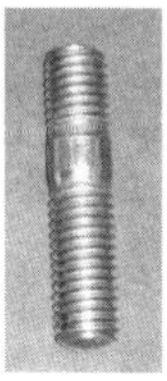

图1 　　　　　　　图2

重要度	序号	主要步骤	要　点	原　因
	1	取排气歧管双头螺柱8件(图1)		
	2	将排气歧管双头螺柱短螺栓一端装入汽缸盖排气侧螺孔并预紧(图2)	拧入2~3牙	防止因错牙损坏螺纹

安全(质量)事故记录	日期	说　明

注：✚ 安全；Ⓥ 关键；◇ 重要；⟨PP⟩ 推拉；⟨TG⟩ 工具；⟨LT⟩ 看；⟨FL⟩ 听；○ 基本；□ 选件。

工位号	工序六	工位名称	装进排气双头螺柱、封水端盖、曲轴后端盖
要素序号	15	要素名称	拧紧排气歧管双头螺柱

图1

重要度	序号	主要步骤	要点	原因
	1	取定扭扳手套上 M8 螺母		
	2	拧紧进气歧管双头螺柱	(1)定扭扳手垂直于双头螺柱；(2)拧紧力矩为 18～23N·m	工艺要求
	3	6个双头螺柱		

安全(质量)事故记录	日期	说明

注：✚ 安全；▽ 关键；◇ 重要；PP 推拉；TG 工具；LT 看；FL 听；○ 基本；□ 选件。

进排气双头螺柱、封水端盖、曲轴后端盖拆卸工艺及注意事项

（1）用定扭扳手及 M8 螺母拆卸进、排气双头螺柱，放于物料盆中。

排气歧管紧固双头螺柱　　排气歧管紧固双头螺杆

（2）用定扭扳手及套筒拆卸封水端盖及密封垫，并放于物料盆中。

（3）用定扭扳手及套筒拆卸曲轴后端盖及密封垫、定位套，并放于物料盆中。

M6×25　　M6×20

注意事项:

(1)拆卸过程中,注意不能刮伤、刮花各零部件。

(2)所有零件拆卸后,用 S-105 型清洗剂将油污清洗干净。

(3)封水端盖密封垫、曲轴后端盖密封垫拆卸后将不能再使用,后续装机需换用新的零件。

(4)进气歧管紧固双头螺柱较短,排气歧管紧固双头螺柱较长,拆卸后需做好标识,以防止混装及装错。

(5)所有的零部件放置物料盆后一定要做好标识(特别是螺栓规格),防止后续组装不会错装。

(6)拆卸过程中,若发现不符合装配时的要求,需记录问题并反馈,以提醒或纠正后续组装作业符合装配要求。

7. 装水泵、机油泵工位作业指导书

工位号	工序七	工位名称	装水泵、机油泵
要素序号	1	要素名称	拧紧双头螺柱并检查

图1 　　　　　　　　　图2

重要度	序号	主要步骤	要点	原因
	1	将双头螺柱预紧2~3牙	防止掉落缸体（长螺纹朝外）	
	2	用气动定扭扳手拧紧2件M6×30双头螺柱（图1）	螺纹完全进入曲轴箱螺孔内	装配不到位发动机漏水
	3	反转气动定扭扳手取出丝达母		

安全(质量)事故记录	日期	说明

注：✚安全；▽关键；◇重要；PP推拉；TG工具；LT看；FL听；○基本；□选件。

工位号	工序七	工位名称	装水泵、机油泵
要素序号	2	要素名称	装水泵密封垫

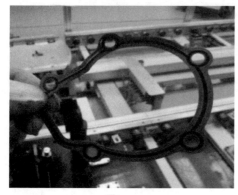 

图1　　　　　　　　　　　　图2

重要度	序号	主要步骤	要　点	原　因
	1	检查水泵密封垫完好性		确保装配质量
	2	从工具盒里取水泵密封垫1件	检查密封垫无裂、断、夹层、两面耐油硅酮密封线完整无断线等质量问题	装反或零件质量问题造成发动机漏水
	3	装水泵密封垫	（1）水泵密封垫两安装孔装于双头螺柱；（2）密封垫平贴曲轴箱端面，安装孔与机体安装孔对齐	装反或零件质量问题造成发动机漏水

安全(质量)事故记录	日期	说　明

注：✚ 安全；▽ 关键；◇ 重要；PP 推拉；TG 工具；LT 看；FL 听；○ 基本；□ 选件。

工位号	工序七	工位名称	装水泵、机油泵
要素序号	3	要素名称	取水泵总成并检查

图1

重要度	序号	主要步骤	要点	原因
	1	移步到物料架右手取水泵总成1件(图1)	水泵扇页内无异物	(1)防止装错零件； (2)条形码断线续扫描失效； (3)扇页内有异物导致水泵卡死、散热不良、异响等

安全(质量)事故记录	日期	说　明

注：✚ 安全；▽ 关键；◇ 重要；PP 推拉；TG 工具；LT 看；FL 听；○ 基本；□ 选件。

工位号	工序七	工位名称	装水泵、机油泵
要素序号	4	要素名称	预装水泵

图1

重要度	序号	主要步骤	要点	原因
	1	移步到装配工位右手把水泵总成装入曲轴箱上的水泵安装面	要求以2个双头螺柱定位,曲轴箱上的安装螺纹底孔与水泵总成安装孔一一对正不歪斜	防止装错零件

安全(质量)事故记录	日期	说　　明

注:✚安全;▽关键;◇重要;㏘推拉;㈦工具;㈪看;㏋听;○基本;□选件。

工位号		工序七	工位名称	装水泵、机油泵
要素序号		5	要素名称	预装水泵螺栓及螺母

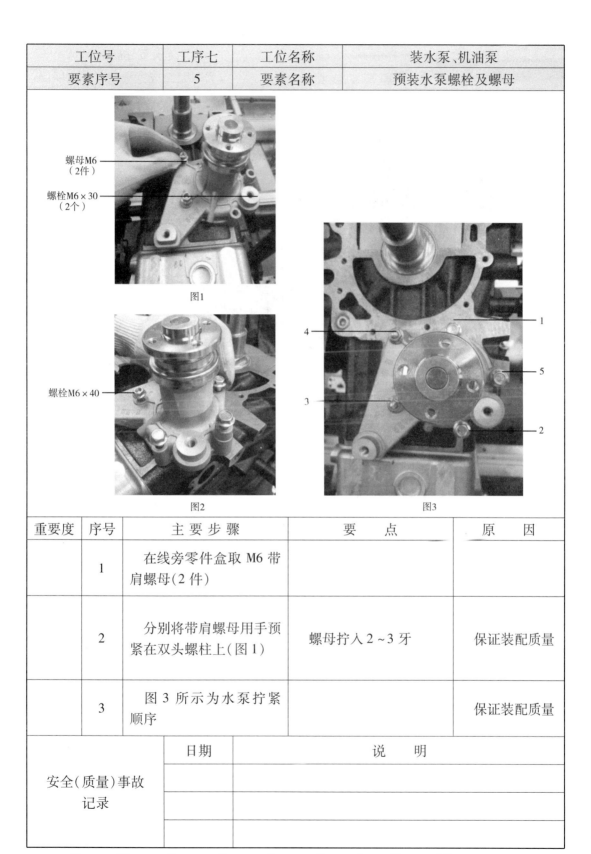

图1　图2　图3

重要度	序号	主要步骤	要点	原因
	1	在线旁零件盒取 M6 带肩螺母(2 件)		
	2	分别将带肩螺母用手预紧在双头螺柱上(图1)	螺母拧入 2~3 牙	保证装配质量
	3	图 3 所示为水泵拧紧顺序		保证装配质量

安全(质量)事故记录	日期	说　明

注：✚ 安全；Ⓥ 关键；◇ 重要；㏘ 推拉；TG 工具；LT 看；FL 听；○ 基本；□ 选件。

89

工位号	工序七	工位名称	装水泵、机油泵
要素序号	6	要素名称	拧紧水泵总成螺栓并画自检标识

图1 10号套筒

图2 自检标识

图3 水泵密封垫自检标识

重要度	序号	主要步骤	要 点	原 因
	1	使用10号套筒拧紧水泵总成螺栓	气动定扭扳手:9~12N·m,设定值为10N·m	
	2	画自检标识,自检水泵螺母无漏拧紧,水泵密封垫无漏装	使用蓝色记号笔做好标识	防止错装漏装

安全(质量)事故记录	日期	说 明

注:✚ 安全;▽ 关键;◇ 重要;⒫ 推拉;㋣ 工具;㋡ 看;㋑ 听;○ 基本;□ 选件。

工位号	工序七	工位名称	装水泵、机油泵
要素序号	7	要素名称	装机油泵定位销

定位销装入销孔

图1 　　　　　　　图2

重要度	序号	主要步骤	要　点	原　因
	1	取机油泵定位销安装于定位销孔中		
	2	取机油泵密封垫并检查	有无断裂与损坏	
	3	检查密封垫完好性后安装		漏机油泵垫片发动机前端漏油

安全(质量)事故记录	日期	说　明

注：▉安全；▽关键；◇重要；ⓅⓅ推拉；TG工具；LT看；FL听；○基本；□选件。

工位号	工序七	工位名称	装水泵、机油泵
要素序号	8	要素名称	装机油泵并检查

装油封工具

图1　　　　　　　　　图2

重要度	序号	主要步骤	要点	原因
	1	取机油泵总成1件	（1）看油封外圆无压铲（互检）； （2）检查油油封唇口无异物； （3）禁止手触油封唇口； （4）检查安装接合面无缺陷	油封外圆压铲、油封唇口损伤或有异物前端漏油
	2	看机油泵扁位与曲轴小头扁位角度相对应	机油泵扁位与曲轴小头扁位角度相对应	不对正无法装配,硬装损坏零件
	3	取装油封工具套入机油泵前端油封	（1）装配前检查油封工具无损伤或变形； （2）要求油封内端面与专用工具端面平齐； （3）禁止碰伤油封唇口	避免油封唇口损坏发动机漏油
	4	将装有油封工具的机油泵总成套入曲轴前端,再装入曲轴箱上的机油泵安装面	（1）要求以2个定位套定位,曲轴箱上的安装螺纹底孔与机油泵总成安装孔——对正； （2）机油泵装配面平贴曲轴箱	（1）油封唇口损坏发动机漏油； （2）不对正零件损坏和漏油； （3）垫片损坏发动机漏油
	5	取下工具放回工具原位		
安全(质量)事故记录		日期	说　　明	

注：✚安全；▽关键；◇重要；PP推拉；TG工具；LT看；FL听；○基本；□选件。

工位号	工序七	工位名称	装水泵、机油泵
要素序号	9	要素名称	预紧机油泵和水泵成螺栓并检查

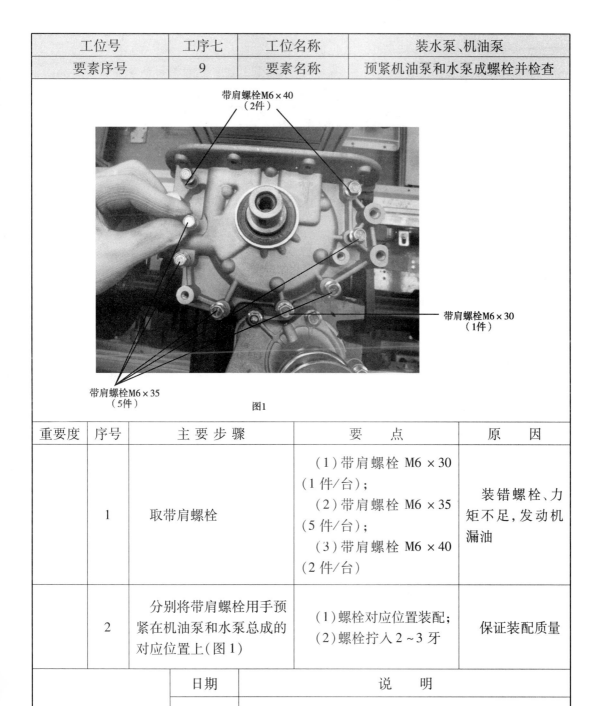

图1

重要度	序号	主要步骤	要　　点	原　　因
	1	取带肩螺栓	（1）带肩螺栓 M6×30（1件/台）； （2）带肩螺栓 M6×35（5件/台）； （3）带肩螺栓 M6×40（2件/台）	装错螺栓、力矩不足，发动机漏油
	2	分别将带肩螺栓用手预紧在机油泵和水泵总成的对应位置上(图1)	（1）螺栓对应位置装配； （2）螺栓拧入2~3牙	保证装配质量

安全(质量)事故记录	日期	说　　明

注：✚安全；▽关键；◇重要；PP推拉；TG工具；LT看；FL听；○基本；□选件。

工位号	工序七	工位名称	装水泵、机油泵
要素序号	10	要素名称	拧紧机油泵螺栓

图1

重要度	序号	主要步骤	要点	原因
	1	按照图1要求顺序拧紧机油泵螺栓	力矩范围:9~12N·m;设定值:10 N·m	
	2	拧紧完成后,做自检标识	螺栓、密封垫	防止漏装和错装
	3	检查密封垫		

安全(质量)事故记录	日期	说　明

注:✚安全;▽关键;◇重要;PP推拉;TG工具;LT看;FL听;○基本;□选件。

水泵、机油泵拆卸工艺及注意事项

（1）用定扭扳手及10号套筒拆卸机油泵，取出机油泵螺栓、机油泵、机油泵密封垫、机油泵定位套，放于物料盆中。

螺栓M6
（2个）

螺栓M6×40
螺栓M6×30
（2个）

（2）用定扭扳手及10号套筒拆卸水泵，取出水泵螺栓、螺母、水泵、水泵密封垫、双头螺柱，放于物料盆中。

带肩螺栓M6×40
（2件）
带肩螺栓M6×35
（5件）
带肩螺栓M6×30
（1件）

注意事项：

（1）拆卸过程中，注意不能刮伤、刮花各零部件。

（2）所有零件拆卸后，用S-105型清洗剂将油污清洗干净。

（3）水泵密封垫、机油泵密封垫拆卸后将不能再使用，后续装机需更换新的零件。

（4）所有的零部件放置物料盆后一定要做好标识（特别是螺栓规格），防止后续组装不会错装。

（5）拆卸过程中，若发现不符合装配时的要求，需记录问题并反馈，以提醒或纠正后续组装作业符合装配要求。

8. 装后罩壳、正时机构工位作业指导书

工位号	工序八	工位名称	装后罩壳、正时机构
要素序号	1	要素名称	将后罩壳装到专用料车送至总装线装后罩壳工位

图1

重要度	序号	主要步骤	要点	原因
	1	将后罩壳装入专用料车（图1）	轻拿轻放，摆放整齐	确保零件质量
	2	做好相应物料标识		防止装错零件
	3	移送至总装线装后罩壳工位		方便后续工作

安全(质量)事故记录	日期	说　明

注：✚安全；▽关键；◇重要；PP推拉；TG工具；LT看；FL听；○基本；□选件。

工位号	工序八	工位名称	装后罩壳、正时机构
要素序号	2	要素名称	涂厌氧胶、装半圆键

图1

图2

重要度	序号	主要步骤	要点	原因
	1	从线旁工具盒中取厌氧胶1瓶		工艺要求
	2	在缸盖前端的2个后罩壳连接螺栓孔中涂厌氧胶（图2）	每个螺栓孔涂一滴厌氧胶	（1）厌氧胶属于有毒有害化学品，防止对人体造成伤害；（2）密封要求
	3	右手将厌氧胶瓶放回工具盒初始位置		
	4	装半圆键在凸轮轴上		

安全(质量)事故记录	日期	说明

注：✚ 安全；Ⓥ 关键；◇ 重要；⒫ 推拉；⒯ 工具；⒧ 看；⒡ 听；○ 基本；□ 选件。

工位号		工序八	工位名称	装后罩壳、正时机构
要素序号		3	要素名称	装海绵胶垫、海绵胶垫圈并检查

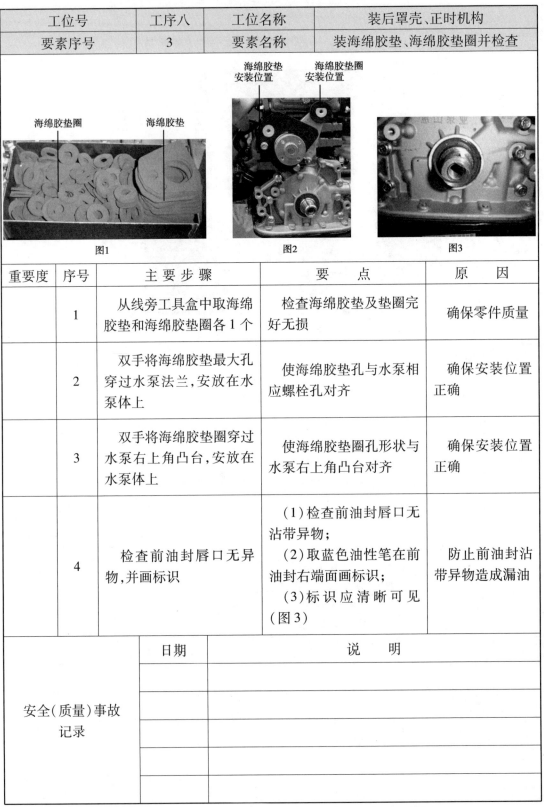

图1　图2　图3

重要度	序号	主要步骤	要点	原因
	1	从线旁工具盒中取海绵胶垫和海绵胶垫圈各1个	检查海绵胶垫及垫圈完好无损	确保零件质量
	2	双手将海绵胶垫最大孔穿过水泵法兰,安放在水泵体上	使海绵胶垫孔与水泵相应螺栓孔对齐	确保安装位置正确
	3	双手将海绵胶垫圈穿过水泵右上角凸台,安放在水泵体上	使海绵胶垫圈孔形状与水泵右上角凸台对齐	确保安装位置正确
	4	检查前油封唇口无异物,并画标识	(1)检查前油封唇口无沾带异物; (2)取蓝色油性笔在前油封右端面画标识; (3)标识应清晰可见(图3)	防止前油封沾带异物造成漏油

安全(质量)事故记录	日期	说　明

注:▇ 安全;▽ 关键;◇ 重要;PP 推拉;TG 工具;LT 看;FL 听;○ 基本;□ 选件。

工位号	工序八	工位名称	装后罩壳、正时机构
要素序号	4	要素名称	安装后罩壳

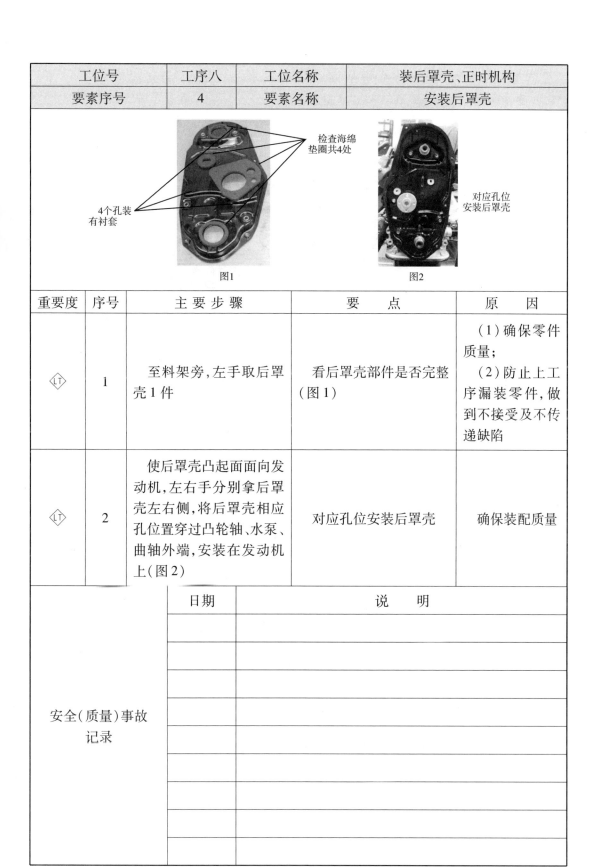

图1　　　　　　图2

重要度	序号	主要步骤	要　点	原　因
⌂LT	1	至料架旁,左手取后罩壳1件	看后罩壳部件是否完整(图1)	(1)确保零件质量;(2)防止上工序漏装零件,做到不接受及不传递缺陷
⌂LT	2	使后罩壳凸起面面向发动机,左右手分别拿后罩壳左右侧,将后罩壳相应孔位置穿过凸轮轴、水泵、曲轴外端,安装在发动机上(图2)	对应孔位安装后罩壳	确保装配质量

安全(质量)事故记录	日期	说　明

注:✚安全;▽关键;◇重要;⌂PP 推拉;⌂TG 工具;⌂LT 看;⌂FL 听;〇基本;□选件。

工位号	工序八	工位名称	装后罩壳、正时机构
要素序号	5	要素名称	安装后罩壳螺栓

装2个M6×16螺栓

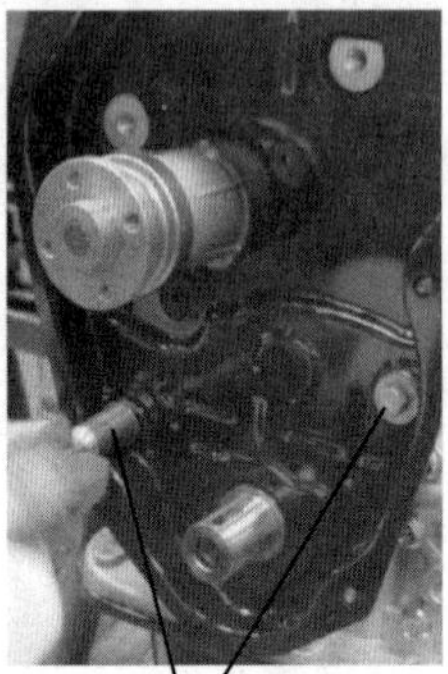

装2个M6×20螺栓

图1

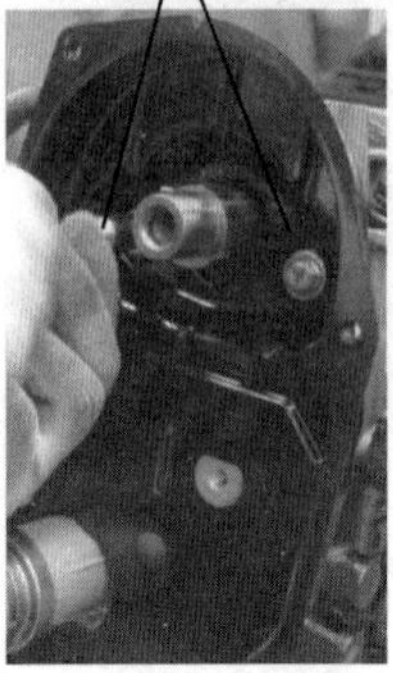

图2

重要度	序号	主要步骤	要点	原因
	1	左手从线旁工具盒相应方格中取M6×16和M6×20螺栓各2个;右手从工具盒中取10号套筒		防止装错零件
	2	左手将1个M6×20螺栓头放入10号套筒,右手转动套筒,将螺栓拧入机油泵相应螺孔2~3牙;同样方法装另1个M6×20螺栓	(1)螺栓预紧2~3牙; (2)螺栓必须用套筒预紧	(1)防止错牙损坏螺孔; (2)方便操作
	3	左手将1个M6×16螺栓头放入10号套筒,右手转动套筒,将螺栓拧入缸盖前端相应螺孔2~3牙;同样方法装另1个M6×16螺栓	(1)螺栓预紧2~3牙; (2)螺栓必须用套筒预紧	(1)防止错牙损坏螺孔; (2)方便操作

安全(质量)事故记录	日期	说明

注:✚ 安全;▽ 关键;◇ 重要;◇PP 推拉;◇TG 工具;◇LT 看;◇FL 听;○ 基本;□ 选件。

工位号	工序八	工位名称	装后罩壳、正时机构
要素序号	6	要素名称	拧紧后罩壳螺栓并检查

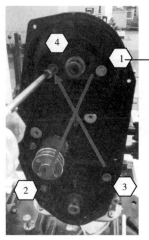

拧紧后罩壳螺栓时要求复紧第1个螺栓

图1

重要度	序号	主要步骤	要点	原因
	1	把10号长杆套筒,套在定扭扳手上	(1)气动定扭扳手设定为8N·m; (2)力矩范围:7~10N·m; (3)工作气压值(静态):0.5~0.7MPa	确保力矩
◇LT	2	用气动定扭扳手分别将M6×16(2个)、M6×20(2个)螺栓对角依次拧紧	(1)4个后罩壳螺栓,其垫片应平整; (2)拧紧顺序如图1所示	使后罩壳受力均匀,确保力矩达到要求
	3	复紧第一个螺栓	拧紧后罩壳螺栓时要求复紧第1个螺栓	防止力矩不足,确保力矩达到要求

安全(质量)事故记录	日期	说明

注:✣安全;▽关键;◇重要;PP推拉;TG工具;LT看;FL听;○基本;□选件。

工位号	工序八	工位名称	装后罩壳、正时机构
要素序号	7	要素名称	做标识

图1

重要度	序号	主要步骤	要　点	原　因
	1	确认拧紧后做自检标识		
安全(质量)事故记录		日期	说　明	

注：✚ 安全；▽ 关键；◇ 重要；PP 推拉；TG 工具；LT 看；FL 听；○ 基本；□ 选件。

工位号	工序八	工位名称	装后罩壳、正时机构
要素序号	8	要素名称	安装正时皮带轮及其螺栓并检查

图1 M12×1.25×28

图2

图3 指针和圆点向上

图4 将M12×1.25旋入2~3牙

重要度	序号	主要步骤	要点	原因
	1	左手从线旁工具盒相应位置取1件螺栓组合件M12×1.25×28(图1)		
	2	右手从线旁工具盒相应位置取正时皮带轮1件	(1)正时皮带轮止面打有字母"QR"标记；(2)检查正时皮带轮有无崩齿	确保零件质量，防止装错零件
	3	右手将正时皮带轮装配孔凹槽对准凸轮轴键槽方向，左手将正时皮带轮压入凸轮轴外端	正时皮带轮标有指针和圆点的面应朝向工作者，并向上	点火正时不对，发动机功率下降，严重时气门顶活塞
	4	将螺栓组合件M12×1.25×28装入凸轮轴外端正时皮带轮固定孔	螺栓拧入2~3牙	防止错牙损坏螺纹、螺孔

安全(质量)事故记录	日期	说明

注：✚ 安全；▽ 关键；◇ 重要；PP 推拉；TG 工具；LT 看；FL 听；○ 基本；□ 选件。

工位号	工序八	工位名称	装后罩壳、正时机构
要素序号	9	要素名称	预紧凸轮轴正时皮带轮螺栓

使用定扭扳手预紧凸轮轴正时皮带轮

图1

重要度	序号	主要步骤	要点	原因
◇	1	将18号套筒装在气动定扭扳手上,并锁定凸轮轴正时皮带轮螺栓组合件	(1)定扭扳手设定:56N·m; (2)工作气压值(静态):0.5~0.7MPa	确保力矩
	2	使用气动定扭扳手预紧凸轮轴正时皮带轮螺栓组合件		
	3	将套筒放回工具盒		

安全(质量)事故记录	日期	说明

注:✚ 安全;▽ 关键;◇ 重要;PP 推拉;TG 工具;LT 看;FL 听;○ 基本;□ 选件。

工位号	工序八	工位名称	装后罩壳、正时机构
要素序号	10	要素名称	拧紧凸轮轴正时皮带轮螺栓并检查做自检标识

图1　　　　　　　　　图2

重要度	序号	主要步骤	要点	原因
◇	1	从工具盒中取扭力扳手	扭力扳手设定值：56N·m	确保力矩
◇	2	取18号套筒锁定螺栓组合件 M12×1.25，右手握扭力扳手，左手用F形辅助工具固定凸轮轴正时皮带轮，将其拧紧至规定力矩	(1) 匀速扳动扭力扳手手柄拧紧螺栓，听到"咔嗒"声，停止施加扭力；(2) 若扭力扳手不转动或转动不足半圈，需松退螺栓半圈以上，再重新施加扭力；(3) 螺栓力矩范围：55～65N·m	(1) 力矩过大，螺栓牙烂；(2) 力矩不够，正时轮松脱，皮带跳齿，点火正时不对，发动机功率下降，严重时气门顶活塞；(3) 确保螺栓已紧固，符合质量要求
	3	将套筒和扭力扳手放回初始位置并做标识(图2)		

安全(质量)事故记录	日期	说　明

注：✚ 安全；▽ 关键；◇ 重要；PP 推拉；TG 工具；LT 看；FL 听；○ 基本；□ 选件。

工位号	工序八	工位名称	装后罩壳、正时机构
要素序号	11	要素名称	安装曲轴正时齿轮

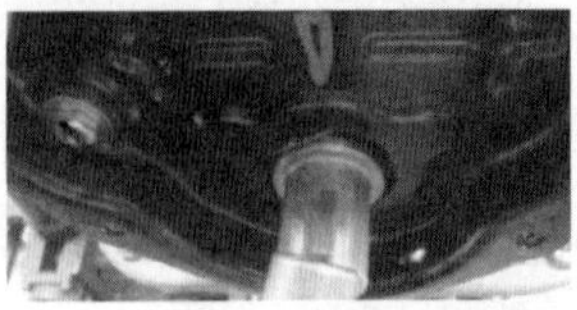

图1

图2

图3

重要度	序号	主 要 步 骤	要 点	原 因
	1	装半圆键在曲轴前端		
	2	装小隔板(图2)	凸台朝向工作者	
	3	装正时小齿轮(图3)	(1)小齿轮上标记朝向工作者； (2)小齿轮标记点对准后罩壳上标记点	

安全(质量)事故记录	日期	说　　明

注：✚ 安全；▽ 关键；◇ 重要；PP 推拉；TG 工具；LT 看；FL 听；○ 基本；□ 选件。

工位号	工序八	工位名称	装后罩壳、正时机构
要素序号	12	要素名称	张紧轮螺钉的组合装配

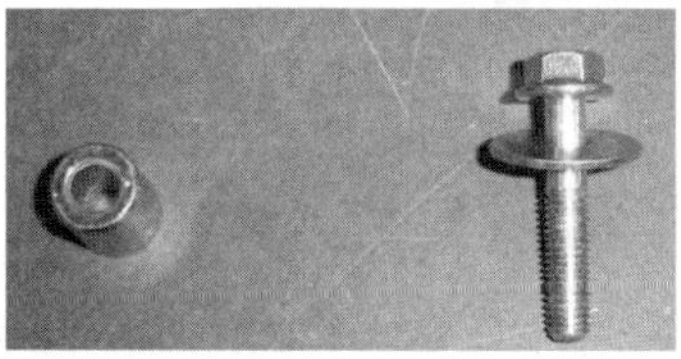

图1 　　　　　　　图2 　　　　　　　图3

重要度	序号	主 要 步 骤	要　　点	原　　因
	1	取 M8×40 带肩螺栓 1 件,取扭簧衬套 1 件(图 1)	看螺栓螺牙完好,外六角无损坏	防止装错
	2	将扭簧衬套穿入 M8×40 的螺栓上(图 2)		装配要求
	3	将 M8×40 的螺栓螺纹向上,并整齐放入专用的盒子内(图 3)	检查有无漏装衬套	

安全(质量)事故记录	日期	说　　明

注：✚安全；Ⓥ关键；◇重要；㏘推拉；⬯工具；⬯看；⬯听；○基本；□选件。

工位号		工序八	工位名称	装后罩壳、正时机构
要素序号		13	要素名称	取正时皮带

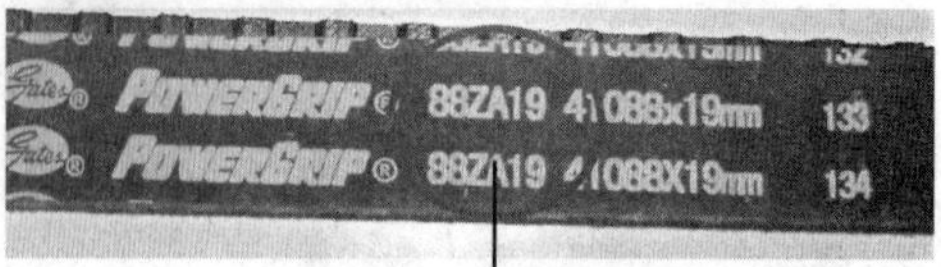

标记：88ZA19适用于465系列
发动机正时皮带（共88齿）
图1

重要度	序号	主 要 步 骤	要　　点	原　　因
	1	取正时皮带至流水线安装工位	要求曲轴正时皮带与所装配发动机状态一致；标记：88ZA19 适用于 465 系列发动机正时皮带（共 88 齿）	避免错装零件，防止跳齿，点火正时不对，发动机功率下降

安全(质量)事故记录	日期	说　　明

注：✚ 安全；Ⓥ 关键；◇ 重要；⑰ 推拉；⑯ 工具；⑰ 看；⑰ 听；○ 基本；☐ 选件。

工位号	工序八	工位名称	装后罩壳、正时机构
要素序号	14	要素名称	装正时皮带并检查装张紧轮涂胶

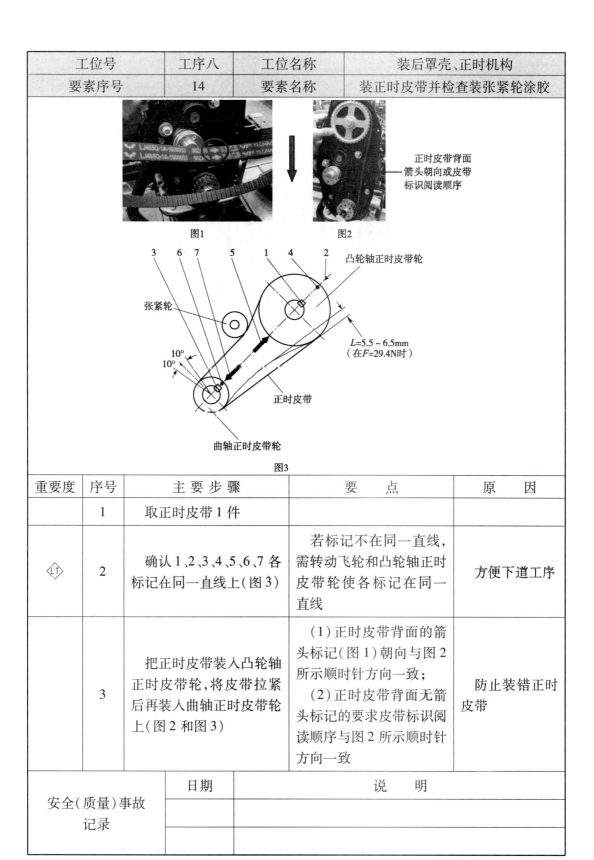

重要度	序号	主要步骤	要点	原因
	1	取正时皮带1件		
◇LT	2	确认1、2、3、4、5、6、7各标记在同一直线上(图3)	若标记不在同一直线,需转动飞轮和凸轮轴正时皮带轮使各标记在同一直线	方便下道工序
	3	把正时皮带装入凸轮轴正时皮带轮,将皮带拉紧后再装入曲轴正时皮带轮上(图2和图3)	(1)正时皮带背面的箭头标记(图1)朝向与图2所示顺时针方向一致; (2)正时皮带背面无箭头标记的要求皮带标识阅读顺序与图2所示顺时针方向一致	防止装错正时皮带

安全(质量)事故记录	日期	说明

注:✚安全;▽关键;◇重要;(PP)推拉;(TG)工具;(LT)看;(FL)听;○基本;□选件。

工位号		工序八	工位名称	装后罩壳、正时机构
要素序号		15	要素名称	张紧正时皮带并检查

图1

重要度	序号	主要步骤	要点	原因
	1	取自制一字螺丝刀1把		
LT	2	用自制一字螺丝刀使扭簧一端钩挂于张紧轮支撑板缺口，另一端扭簧长拐钩挂于水泵左边的紧固螺栓头上。正时皮带依靠扭簧的作用自行张紧（图1）	（1）要求正时皮带松紧度合适； （2）对正时皮带施加29.4N压力时皮带扰度为5.5~6.5mm	过松正时皮带打滑，过紧影响发动机转速

安全（质量）事故记录	日期	说明

注：✚ 安全；▽ 关键；◇ 重要；PP 推拉；TG 工具；LT 看；FL 听；○ 基本；□ 选件。

工位号	工序八	工位名称	装后罩壳、正时机构
要素序号	16	要素名称	预紧螺栓

图1

重要度	序号	主要步骤	要　点	原　因
◇	1	取气动定扭扳手1把	（1）气动定扭扳手设定值：19N·m； （2）工作气压值（静态）：0.5～0.7MPa	工艺要求
	2	把12号套筒装于气动定扭扳手		
◇	3	用气动定扭扳手拧紧带肩螺栓（图1）	螺栓力矩范围：18～28N·m	防止正时皮带松

安全(质量)事故记录	日期	说　明

注：▊ 安全；▽ 关键；◇ 重要；⓵ 推拉；⓽ 工具；⓯ 看；⓯ 听；○ 基本；□ 选件。

工位号	工序八	工位名称	装后罩壳、正时机构
要素序号	17	要素名称	拧紧带肩螺栓并检查

图1　　　　　　　　图2

重要度	序号	主要步骤	要　点	原　因
	1	取套有12号套筒的扭力扳手1把	力矩设定值:19N·m	工艺要求
◇	2	用扭力扳手拧紧带肩螺栓	(1)匀速扳动扭力扳手手柄,听到"咔嗒"声,停止施加扭力; (2)若扭力扳手不转动或转动不足半圈,需松退螺栓半圈以上,再重新施加扭力; (3)螺栓力矩范围:18~28N·m	防止正时皮带松
	3	做自检标识		防止漏打

安全(质量)事故记录	日期	说　明

注:✚安全;▽关键;◇重要;㏔推拉;㊀工具;㋶看;㋝听;○基本;□选件。

工位号	工序八	工位名称	装后罩壳、正时机构
要素序号	18	要素名称	检查标记放行托盘

A：后罩壳箭头↑标记
B：凸轮轴正时皮带轮凹点标记
C：后罩壳箭头↑标记
D：后罩壳箭头↑标记
E：曲轴正时皮带轮时凹点标记

图1
注：装配后检查确认A、B、C、D、E五点标记应在同一条直线上。

重要度	序号	主要步骤	要点	原因
LT	1	检查标记	按图1所示要求检查确认	工艺要求
	2	放行托盘		

安全(质量)事故记录	日期	说明

注：✚ 安全；▽ 关键；◇ 重要；PP 推拉；TG 工具；LT 看；FL 听；○ 基本；□ 选件。

后罩壳、正时机构拆卸工艺及注意事项

(1)用定扭扳手拆卸张紧轮螺栓,取出张紧轮及螺栓、正时皮带、半圆键、小隔板、曲轴正时皮带轮,放于物料盆中。

(2)用定扭扳手拆卸凸轮轴正时皮带轮螺栓,取出半圆键、凸轮轴正时皮带轮放于物料盆中。

(3)用定扭扳手拆卸后罩壳螺栓,取出后罩壳、海绵垫圈、海绵垫放于物料盆中。

注意事项:

(1)拆卸过程中,注意不能刮伤、刮花各零部件。

(2)所有零件拆卸后,用 S-105 型清洗剂将油污清洗干净。

(3)所有的零部件放置物料盆后一定要做好标识(特别是螺栓规格),防止后续组装不会错装。

9. 调气门间隙、装前罩壳工位作业指导书

工位号	工序九	工位名称	调气门间隙、装前罩壳
要素序号	1	要素名称	取工具

图 1

重要度	序号	主要步骤	要点	原因
	1	取塞尺、一字螺丝刀、自制专用套筒、拧调整螺母专用工具、12号梅花扭力扳手至流水线上(图1)	(1)塞尺1件; (2)一字螺丝刀1把; (3)自制专用套筒1件; (4)拧调整螺母专用工具1件; (5)12号梅花扭力扳手1把	工艺要求

安全(质量)事故记录	日期	说明

注: ✚ 安全; ▽ 关键; ◇ 重要; ⓟⓟ 推拉; ⓣⓖ 工具; ⓛⓣ 看; ⓕⓛ 听; ○ 基本; □ 选件。

工位号	工序九	工位名称	调气门间隙、装前罩壳
要素序号	2	要素名称	拧入摇臂调整螺钉并检查

图1　　　　　　　　　　图2（发动机前端，1进、1排）

重要度	序号	主要步骤	要点	原因
	1	正时皮带轮顺时针旋转180°		
	2	取塞尺垫在1排调整螺钉与气门杆顶部之间	气门间隙:0.11~0.13mm	气门过大异响;过小使气门关闭不严,严重时发动机功率下降
	3	左手握住调整螺母,右手用拧专用工具分别拧入1进、1排的摇臂总成的气门调整螺钉(图1)	要求气门调整螺钉轻轻抵住塞尺至气门杆顶部为止	便于后续作业

安全(质量)事故记录	日期	说明

注:✚ 安全;▽ 关键;◇ 重要;⒫ 推拉;⒯ 工具;⒧ 看;⒡ 听;○ 基本;□ 选件。

工位号	工序九	工位名称	调气门间隙、装前罩壳
要素序号	3	要素名称	拧紧调整螺母并检查

图1

图2

重要度	序号	主要步骤	要点	原因
	1	右手取12号梅花扭力扳手1把,套入1缸进气门的调整螺母	力矩设定值:19 N·m	确保力矩符合质量要求
	2	左手用一字螺丝刀固定调整螺钉		
◇	3	右手拧紧1缸进气门的调整螺母至规定力矩范围(图1)	(1)匀速扳动梅花扭力扳手手柄拧紧,听到"咔嗒"声,停止施加扭力; (2)若梅花扭力扳手不转动或转动不足半圈,需松退螺栓半圈以上,再重新施加扭力; (3)螺栓力矩范围:18～20N·m	防止螺母过松、过紧会产生异响
	4	按照调整1缸进气门的方法依次调整1排调整螺钉		
	5	用塞尺检测气门间隙是否符合要求,顺序1进、1排(图2)	塞尺规格:0.13mm。气门间隙若不符合要求,需拧松调整螺母,重新进行调整	防止螺母过松、过紧会产生异响

安全(质量)事故记录	日期	说明

注:✚安全;▽关键;◇重要;㉘推拉;㊣工具;㊉看;㉑听;○基本;□选件。

工位号	工序九	工位名称	调气门间隙、装前罩壳
要素序号	4	要素名称	拧入摇臂调整螺钉并检查

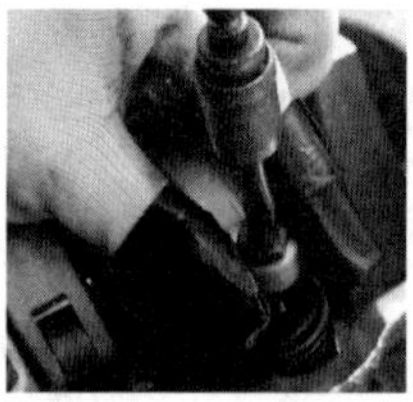

图1　　　图2（发动机前端，3进、3排）

重要度	序号	主要步骤	要　点	原　因
	1	正时皮带轮顺时针旋转90°		
	2	取塞尺垫在3排调整螺钉与气门杆顶部之间	气门间隙：0.11~0.13mm	气门过大异响；过小使气门关闭不严，严重时发动机功率下降
	3	左手握住调整螺母，右手用拧专用工具分别拧入3进、3排的摇臂总成的气门调整螺钉（图1）	要求气门调整螺钉轻轻抵住塞尺至气门杆顶部为止	便于后续作业

安全（质量）事故记录	日期	说　明

注：✚安全；▽关键；◇重要；㉇推拉；㋣工具；㋺看；㋛听；○基本；□选件。

工位号	工序九	工位名称	调气门间隙、装前罩壳
要素序号	5	要素名称	拧紧调整螺母并检查

图1

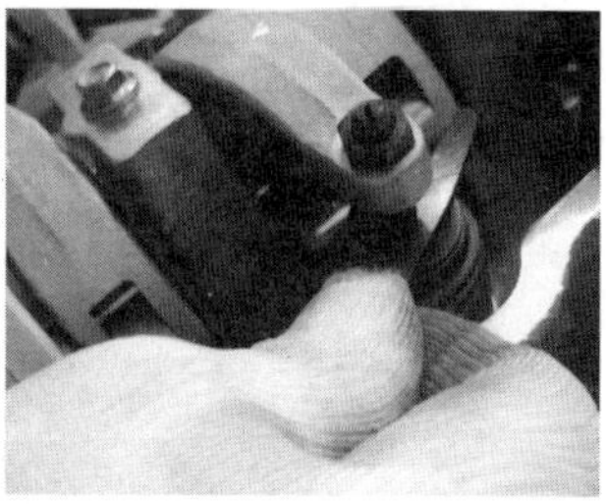
图2

<table>
<tr><th>重要度</th><th>序号</th><th>主要步骤</th><th>要点</th><th>原因</th></tr>
<tr><td rowspan="3">◇</td><td>1</td><td>右手取12号梅花扭力扳手1把,套入3缸进气门的调整螺母</td><td>力矩设定值:19 N·m</td><td>确保力矩符合质量要求</td></tr>
<tr><td>2</td><td>左手用一字螺丝刀固定调整螺钉</td><td></td><td></td></tr>
<tr><td>3</td><td>右手拧紧3缸进气门的调整螺母至规定力矩范围(图1)</td><td>(1)匀速扳动梅花扭力扳手手柄拧紧,听到“咔嗒”声,停止施加扭力;
(2)若梅花扭力扳手不转动或转动不足半圈,需松退螺栓半圈以上,再重新施加扭力。
(3)螺栓力矩范围:18~20N·m</td><td>防止螺母过松、过紧会产生异响</td></tr>
<tr><td></td><td>4</td><td>按照调整3缸进气门的方法依次调整3排调整螺钉</td><td></td><td></td></tr>
<tr><td></td><td>5</td><td>用塞尺检测气门间隙是否符合要求,顺序3进、3排(图2)</td><td>塞尺规格:0.13mm。
气门间隙若不符合要求,需拧松调整螺母,重新进行调整</td><td>防止螺母过松、过紧会产生异响</td></tr>
</table>

<table>
<tr><td rowspan="3">安全(质量)事故记录</td><td>日期</td><td>说明</td></tr>
<tr><td></td><td></td></tr>
<tr><td></td><td></td></tr>
</table>

注:✚ 安全;▽ 关键;◇ 重要;PP 推拉;TG 工具;LT 看;FL 听;○ 基本;□ 选件。

工位号	工序九	工位名称	调气门间隙、装前罩壳
要素序号	6	要素名称	拧入摇臂调整螺钉并检查

图1

发动机前端

图2

重要度	序号	主 要 步 骤	要 点	原 因
	1	正时皮带轮顺时针旋转90°		
	2	取塞尺垫在4排调整螺钉与气门杆顶部之间	气门间隙：0.11～0.13mm	气门过大异响；过小使气门关闭不严，严重时发动机功率下降
	3	左手握住调整螺母，右手用拧专用工具分别拧入4进、4排的摇臂总成的气门调整螺钉(图1)	要求气门调整螺钉轻轻抵住塞尺至气门杆顶部为止	便于后续作业

安全(质量)事故记录	日期	说　明

注：✚ 安全；▽ 关键；◇ 重要；PP 推拉；TG 工具；LT 看；FL 听；○ 基本；□ 选件。

工位号	工序九	工位名称	调气门间隙、装前罩壳
要素序号	7	要素名称	拧紧调整螺母并检查

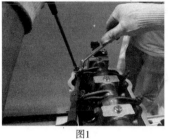 

图1　　　　　　　　　图2

重要度	序号	主 要 步 骤	要　点	原　因
	1	右手取12号梅花扭力扳手1把,套入4缸进气门的调整螺母	力矩设定值:19 N·m	确保力矩符合质量要求
	2	左手用一字螺丝刀固定调整螺钉		
◇	3	右手拧紧4缸进气门的调整螺母至规定力矩范围(图1)	(1)匀速扳动梅花扭力扳手手柄拧紧,听到"咔嗒"声,停止施加扭力; (2)若梅花扭力扳手不转动或转动不足半圈,需松退螺栓半圈以上,再重新施加扭力; (3)螺栓力矩范围:18~20N·m	防止螺母过松、过紧会产生异响
	4	按照调整4缸进气门的方法依次调整4排调整螺钉		
	5	用塞尺检测气门间隙是否符合要求,顺序4进、4排(图2)	塞尺规格:0.13mm。气门间隙若不符合要求,需拧松调整螺母,重新进行调整	防止螺母过松、过紧会产生异响

安全(质量)事故记录	日期	说　明

注:✚安全;▽关键;◇重要;⑰推拉;⒯工具;⒧看;⒡听;○基本;□选件。

工位号	工序九	工位名称	调气门间隙、装前罩壳
要素序号	8	要素名称	拧紧调整螺母并检查

图1

图2

重要度	序号	主要步骤	要点	原因
◇	1	右手取12号梅花扭力扳手1把,套入2缸进气门的调整螺母	力矩设定值:19 N·m	确保力矩符合质量要求
	2	左手用一字螺丝刀固定调整螺钉		
	3	右手拧紧2缸进气门的调整螺母至规定力矩范围(图1)	(1)匀速扳动梅花扭力扳手手柄拧紧,听到"咔嗒"声,停止施加扭力; (2)若梅花扭力扳手不转动或转动不足半圈,需松退螺栓半圈以上,再重新施加扭力; (3)螺栓力矩范围:18~20N·m	防止螺母过松、过紧会产生异响
	4	按照调整2缸进气门的方法依次调整2排调整螺钉		
	5	用塞尺检测气门间隙是否符合要求,顺序2进、2排(图2)	塞尺规格:0.13mm。气门间隙若不符合要求,需拧松调整螺母,重新进行调整	防止螺母过松、过紧会产生异响

安全(质量)事故记录	日期	说明

注:✚ 安全;▽ 关键;◇ 重要;PP 推拉;TG 工具;LT 看;FL 听;○ 基本;□ 选件。

工位号	工序九	工位名称	调气门间隙、装前罩壳
要素序号	9	要素名称	取零件和工具

图1

图2

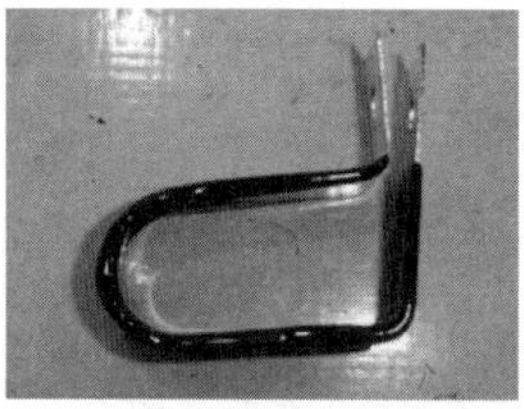

图3

图4 10号加长套筒

重要度	序号	主要步骤	要点	原因
	1	取长支承片1件(图2)		防止装错零件
	2	取短支承片1件(图1)		防止装错零件
	3	取管夹1件(图3)		防止装错零件
	4	取10号加长套筒1件(图4)	螺栓 M12×1.25×27 用17号套筒装配	工艺要求
	5	取带肩螺栓 M6×10		防止装错零件
安全(质量)事故记录	日期		说　明	

注：✚ 安全；▽ 关键；◇ 重要；㏗ 推拉；⒯ 工具；⒧ 看；⒡ 听；○ 基本；□ 选件。

工位号	工序九	工位名称	调气门间隙、装前罩壳
要素序号	10	要素名称	取前罩壳并检查

前罩壳

图1

重要度	序号	主要步骤	要点	原因
	1	取前罩壳1件至装配工位旁	检查前罩壳无残损,胶条无脱落	确保零件质量
安全(质量)事故记录	日期		说　明	

注：✚ 安全；▽ 关键；◇ 重要；㏗ 推拉；⒯ 工具；⒧ 看；⒡ 听；○ 基本；□ 选件。

工位号		工序九	工位名称	调气门间隙、装前罩壳
要素序号		11	要素名称	装支承片、管夹、预紧带肩螺栓并检查

图1

重要度	序号	主 要 步 骤	要 点	原 因
LT	1	取前罩壳总成放置于后罩壳上的安装面(图1)		
	2	取10号套筒套上带肩螺栓M6×10装在序号1位置上,用手预紧螺栓2~3牙(图1)		防止螺栓滑牙
	3	取10号套筒套上带肩螺栓M6×10,套上短支承片装在序号2位置上,用手预紧螺栓2~3牙(图1)	支承片方向水平朝外	防止装错零件
	4	取10号套筒套上带肩螺栓M6×10,套上管夹装在序号3位置上,用手预紧螺栓2~3牙(图1)	管夹方向朝排气管	防止装错零件
	5	取10号套筒套上带肩螺栓M6×10,套上长支承片装在序号4位置上,用手预紧螺栓2~3牙(图1)	长支承片方向朝上	防止装错零件
	6	同步骤1要求用手预紧螺栓在序号5和序号6位置上		防止装错零件

安全(质量)事故记录	日期	说 明

注:✚安全;▽关键;◇重要;(PP)推拉;(TG)工具;(LT)看;(FL)听;○基本;□选件。

工位号		工序九	工位名称	调气门间隙、装前罩壳
要素序号		12	要素名称	拧紧前罩壳螺栓并检查

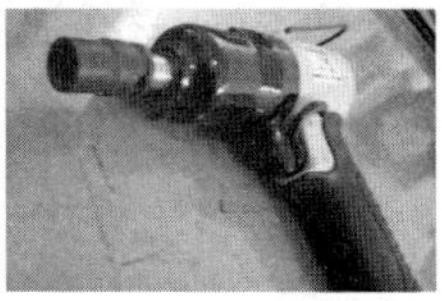

图1

图2

重要度	序号	主要步骤	要点	原因
	1	把10号套筒装上气动定扭扳手(图1)	(1)气动定扭扳手设定值:4 N·m； (2)工作气压值(静态):0.5~0.7MPa	工艺要求
	2	用气动定扭扳手拧紧前罩壳总成带肩螺栓 M6×10(6个)(图2)	(1)按第1~第6顺序拧紧螺栓； (2)气动定扭扳手螺栓与螺孔垂直； (3)螺栓压贴平齐安装面	工艺要求
	3	自检6个螺栓无漏拧紧并在管夹螺栓处点白色标识(图2)		防止漏装
	4	自检合格		

安全(质量)事故记录	日期	说 明

注:▇ 安全；▽ 关键；◇ 重要；㏘ 推拉；⒯ 工具；⒧ 看；㊑ 听；○ 基本；□ 选件。

 **知识拓展**

调气门间隙、前罩壳拆卸工艺及注意事项

(1)用定扭扳手拆卸张前罩壳螺栓,取出前罩壳及螺栓、长支承片、短支撑片、管夹,放于物料盆中。

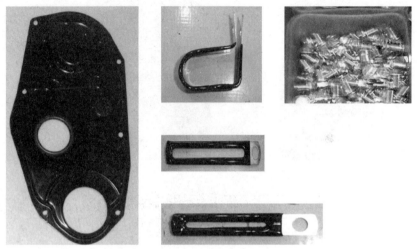

(2)用定扭扳手拧松气门调整螺钉。

注意事项:

(1)拆卸过程中,注意不能刮伤、刮花各零部件。

(2)所有零件拆卸后,用S-105型清洗剂将油污清洗干净。

(3)所有的零部件放置物料盆后一定要做好标识(特别是螺栓规格),防止后续组装不会错装。

(4)拆卸过程中,若发现不符合装配时的要求,需记录问题并反馈,以提醒或纠正后续组装作业符合装配要求。

10. 装集滤器、机油盘工位作业指导书

工位号	工序十	工位名称	装集滤器、机油盘
要素序号	1	要素名称	转动曲轴箱使机油泵朝向工作者

图1

重要度	序号	主 要 步 骤	要 点	原 因
	1	左手转动装配小车的手柄使曲轴箱至水平方向（图1）	前端朝向工作者	方便后续装配

安全(质量)事故记录	日期	说　明

注：✛ 安全；▽ 关键；◇ 重要；PP 推拉；TG 工具；LT 看；FL 听；○ 基本；□ 选件。

工位号		工序十	工位名称	装集滤器、机油盘
要素序号		2	要素名称	装机油集滤器O形密封圈

将O形密封圈套入机油集滤器

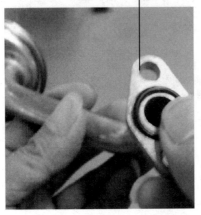

图1

图2

重要度	序号	主要步骤	要点	原因
	1	取集滤器总成1件	检查滤网无凹陷	滤网凹陷发动机润滑不良；性能下降等
	2	左手拿机油集滤器，右手将O形密封圈套入机油集滤器接头处	O形密封圈平贴槽内（图1）	密封圈漏装或松脱会使发动机润滑不良、烧机等
	3	将装有O形密封圈的集滤器移至安装工位		

安全(质量)事故记录	日期	说　明

注：✚ 安全；▽ 关键；◇ 重要；㉆ 推拉；㊉ 工具；㊛ 看；㉇ 听；○ 基本；□ 选件。

工位号	工序十	工位名称	装集滤器、机油盘
要素序号	3	要素名称	预装集滤器

图1

将机油集滤器装在机油泵上

图2

重要度	序号	主要步骤	要点	原因
	1	取螺栓组合件 M6×20（2件）安装到集滤器螺纹孔上	装配前须检查 O 形密封圈在管接头槽内（图1）	密封圈漏装或松脱会使发动机润滑不良、烧机等
	2	将机油集滤器装在机油泵上，用手预紧螺栓拧入 2～3 牙（图2）		

安全(质量)事故记录	日期	说明	

注：✚ 安全；Ⓥ 关键；◇ 重要；⟨PP⟩ 推拉；⟨TG⟩ 工具；⟨LT⟩ 看；⟨FL⟩ 听；○ 基本；□ 选件。

工位号	工序十	工位名称	装集滤器、机油盘
要素序号	4	要素名称	拧紧集滤器并自检

图1　　　　　　　　　　　　图2

重要度	序号	主要步骤	要点	原因
	1	取气动定扭扳手1把	（1）气动定扭扳手设定值：10N·m； （2）工作气压值（静态）：0.5~0.7MPa	保证装配力矩
	2	把10号套筒装于气动定扭扳手		
	3	用气动定扭扳手拧紧集滤器螺栓（图1）	（1）力矩范围：9~12 N·m； （2）螺栓平贴安装面	力矩不足会使发动机烧机
	4	自检集滤器螺栓无漏拧紧（图2）	用手摇集滤器无晃动	保证装配质量

安全（质量）事故记录	日期	说　明

注：✚ 安全；▽ 关键；◇ 重要；PP 推拉；TG 工具；LT 看；FL 听；○ 基本；□ 选件。

工位号	工序十	工位名称	装集滤器、机油盘
要素序号	5	要素名称	在曲轴箱安装面涂密封胶

图1

重要度	序号	主要步骤	要点	原因
⟨LT⟩	1	取耐油硅酮密封胶	耐油硅酮密封胶	耐油硅酮密封胶属于有毒化学品,腐蚀皮肤
	2	将密封胶涂在曲轴箱与机油泵、后油封座接缝处	(1)要求密封胶均匀涂于安装面; (2)涂在4处(图1)	(1)耐油硅酮密封胶属于有毒化学品,腐蚀皮肤; (2)防止漏油

安全(质量)事故记录	日期	说明

注:✚ 安全;▽ 关键;◇ 重要;PP 推拉;TG 工具;LT 看;FL 听;○ 基本;□ 选件。

131

工位号		工序十	工位名称	装集滤器、机油盘
要素序号		6	要素名称	装机油盘密封垫

4个定位螺柱

图1

图2

重要度	序号	主要步骤	要 点	原 因
	1	取机油盘定位螺柱4件装入机油盘螺孔(图1)		防止因错牙垫片被扭挤变形,螺孔被拉长导致渗油
	2	取机油盘密封垫穿过2个定位螺柱装入曲轴箱机油盘安装面	要求密封垫安装孔和曲轴箱上机油盘安装螺纹底孔对正(图2)	确保装配位置正确,防止漏油
安全(质量)事故记录		日期		说 明

注:✚安全;▽关键;◇重要;⒫推拉;⒯工具;⒧看;⒡听;○基本;□选件。

工位号		工序十	工位名称	装集滤器、机油盘
要素序号		7	要素名称	取机油盘并检查

图1

重要度	序号	主要步骤	要 点	原 因
⒧	1	取机油盘总成1件	(1)检查机油盘总成无碰凹、无脱漆、无损坏现象; (2)检查机油盘放油螺塞无漏点漆标记(图1)	(1)防装错零件; (2)确保零件质量; (3)防止放油螺塞未拧紧造成漏油
安全(质量)事故记录		日期		说 明

注:✚安全;▽关键;◇重要;⒫推拉;⒯工具;⒧看;⒡听;○基本;□选件。

工位号	工序十	工位名称	装集滤器、机油盘
要素序号	8	要素名称	预装机油盘

图1

重要度	序号	主 要 步 骤	要 点	原 因
	1	双手拿起机油盘,内腔朝下		
LT	2	将机油盘套入机油集滤器(图1)	倾斜机油盘,使隔板内孔穿过机油集滤器	正确装配,避免损坏零件
	3	将机油盘穿过4个定位螺栓安装到曲轴箱安装面	(1)旋转机油盘,使机油盘与曲轴箱安装位对正; (2)机油盘螺孔与曲轴箱安装面上螺孔对正	正确装配,防止损坏螺牙
安全(质量)事故记录	日期	说　明		

注: 安全;关键;◇ 重要;PP 推拉;TG 工具;LT 看;FL 听;○ 基本;□ 选件。

工位号	工序十	工位名称	装集滤器、机油盘
要素序号	9	要素名称	预装机油盘螺栓

重要度	序号	主 要 步 骤	要 点	原 因
LT	1	取机油盘螺栓(六角法兰面螺栓)——加大系列M6×16(14件)装入其他螺栓安装孔内	螺栓须用手预紧2~3牙	防止因错牙垫片被扭挤变形,螺孔被拉长导致渗油
安全(质量)事故记录	日期	说　明		

注: 安全;关键;◇ 重要;PP 推拉;TG 工具;LT 看;FL 听;○ 基本;□ 选件。

工位号	工序十	工位名称	装集滤器、机油盘
要素序号	10	要素名称	取下定位销并预装4个螺栓

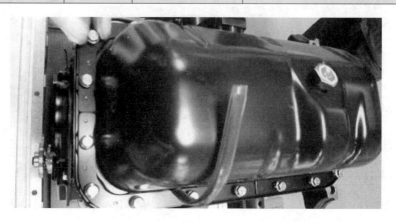

图1

重要度	序号	主要步骤	要点	原因
	1	取下4个定位螺柱		方便后续装配
	2	取机油盘螺栓M6×16(18件)装入原定位螺柱安装孔内	螺栓须用手预紧2~3牙	防止因错牙垫片被扭挤变形,螺孔被拉长导致渗油

安全(质量)事故记录	日期	说明

注: ✚安全; ▽关键; ◇重要; ㏚推拉; ㏚工具; ㏕看; ㎭听; ○基本; □选件。

 **知识拓展**

集滤器、机油盘拆卸工艺及注意事项

(1)取出机油盘螺栓18个、机油盘、机油盘垫片放于物料盆中。

(2)用定扭扳手拧松集滤器螺栓,取出集滤器及螺栓,放于物料盆中。

注意事项:

(1)拆卸过程中,注意不能刮伤、刮花各零部件。

(2)所有零件拆卸后,用S-105型清洗剂将油污清洗干净。

(3)机油盘垫片拆卸后不能再使用,后续装机需更换新的零件。

(4)用铲刀将结合处的胶水铲干净。

(5)所有的零部件放置物料盆后一定要做好标识(特别是螺栓规格),防止后续组装不会错装。

(6)拆卸过程中,若发现不符合装配时的要求,需记录问题并反馈,以提醒或纠正后续组装作业符合装配要求。

11. 拧紧机油盘、装火花塞工位作业指导书

工位号	工序十一	工位名称	拧紧机油盘、装火花塞
要素序号	1	要素名称	检查机油盘密封垫无漏装（互检）

机油盘螺栓18个

机油盘密封垫无漏装

图1

重要度	序号	主 要 步 骤	要 点	原 因
〈LT〉	1	检查机油盘密封垫无漏装（互检）		机油盘密封垫漏装造成漏油
	2	检查机油盘螺栓18个无漏预装		

安全(质量)事故记录	日期	说　明	

注：✚ 安全；▽ 关键；◇ 重要；PP 推拉；TG 工具；LT 看；FL 听；○ 基本；□ 选件。

工位号	工序十一	工位名称	拧紧机油盘、装火花塞
要素序号	2	要素名称	取工具

重要度	序号	主 要 步 骤	要 点	原 因
	1	取工位工具定扭扳手一把	（1）定扭扳手设定值：5 N·m； （2）工作气压值（静态）：0.5~0.7MPa	保证装配力矩
	2	把10号长杆套筒装于气动定扭扳手		

安全(质量)事故记录	日期	说　明	

注：✚ 安全；▽ 关键；◇ 重要；PP 推拉；TG 工具；LT 看；FL 听；○ 基本；□ 选件。

工位号	工序十一	工位名称	拧紧机油盘、装火花塞
要素序号	3	要素名称	预拧紧螺栓并检查

图1

重要度	序号	主要步骤	要 点	原 因
	1	用气动定扭扳手预拧紧螺栓(图1)	(1)定扭扳手设定值:5N·m; (2)拧紧顺序如图1所示; (3)螺栓平贴安装面	力矩不足发动机漏油。不按顺序装配会使力矩不均

安全(质量)事故记录	日期	说 明

注:✚安全;▽关键;◇重要;PP推拉;TG工具;LT看;FL听;○基本;□选件。

工位号	工序十一	工位名称	拧紧机油盘、装火花塞
要素序号	4	要素名称	拧紧机油盘螺栓并检查

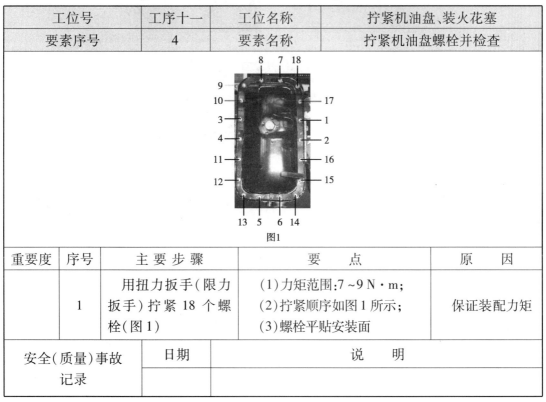

图1

重要度	序号	主要步骤	要 点	原 因
	1	用扭力扳手(限力扳手)拧紧18个螺栓(图1)	(1)力矩范围:7~9N·m; (2)拧紧顺序如图1所示; (3)螺栓平贴安装面	保证装配力矩

安全(质量)事故记录	日期	说 明

注:✚安全;▽关键;◇重要;PP推拉;TG工具;LT看;FL听;○基本;□选件。

工位号		工序十一	工位名称	拧紧机油盘、装火花塞
要素序号		5	要素名称	画自检标识
重要度	序号	主要步骤	要点	原因
LT	1	检查机油盘螺栓无漏拧紧并画自检标识		机油盘螺栓漏拧紧造成漏油
	2	检查机油盘垫片无漏装并做互检标识		机油盘密封垫漏装造成漏油
安全(质量)事故记录		日期	说 明	

注：✚ 安全；▽ 关键；◇ 重要；PP 推拉；TG 工具；LT 看；FL 听；○ 基本；□ 选件。

工位号		工序十一	工位名称	拧紧机油盘、装火花塞
要素序号		6	要素名称	检查机油盘密封垫无漏装(互检)

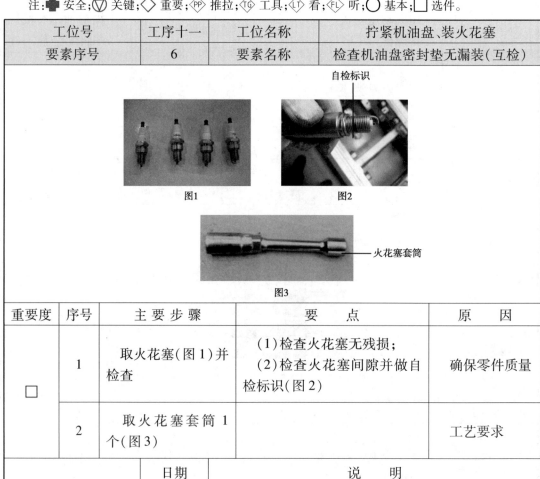

图1　图2　图3

火花塞套筒 自检标识

重要度	序号	主要步骤	要点	原因
□	1	取火花塞(图1)并检查	(1)检查火花塞无残损；(2)检查火花塞间隙并做自检标识(图2)	确保零件质量
	2	取火花塞套筒1个(图3)		工艺要求
安全(质量)事故记录		日期	说 明	

注：✚ 安全；▽ 关键；◇ 重要；PP 推拉；TG 工具；LT 看；FL 听；○ 基本；□ 选件。

工位号	工序十一	工位名称	拧紧机油盘、装火花塞
要素序号	7	要素名称	预装火花塞

图1　　　　　图2

重要度	序号	主要步骤	要点	原因
	1	将火花塞套入火花塞套筒中(图1)		防止碰伤火花塞
	2	顺时针转动套筒预紧火花塞,拧入螺孔2~3牙(图2)	注意防止火花塞磕碰	确保装配质量
安全(质量)事故记录	日期	说明		

注:✚安全;▽关键;◇重要;⒫推拉;TG工具;LT看;FL听;○基本;□选件。

工位号	工序十一	工位名称	拧紧机油盘、装火花塞
要素序号	8	要素名称	拧紧火花塞并检查

重要度	序号	主要步骤	要点	原因
◇	1	拧紧火花塞	力矩范围:20~28N·m	防火花塞松动影响正常点火
	2	目视检查火花塞陶瓷无损坏		确保装配质量
安全(质量)事故记录	日期	说明		

注:✚安全;▽关键;◇重要;⒫推拉;TG工具;LT看;FL听;○基本;□选件。

拧紧机油盘、装火花塞工位拆卸工艺及注意事项

（1）用定扭扳手及火花塞套筒拧松火花塞，取出火花塞，放于物料盆中。

 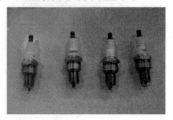

（2）用定扭扳手拧松机油盘螺栓。

注意事项：

(1)拆卸过程中，注意不能刮伤、刮花各零部件。

(2)所有零件拆卸后，用 S-105 型清洗剂将油污清洗干净。

(3)火花塞拆卸后，若发现活塞裂或者无间隙将不能再使用，后续装机需更换新的零件。

(4)所有的零部件放置物料盆后一定要做好标识（特别是螺栓规格），防止后续组装不会错装。

(5)拆卸过程中，若发现不符合装配时的要求，需记录问题并反馈，以提醒或纠正后续组装作业符合装配要求。

12. 装缸盖罩、机油压力报警器工位作业指导书

工位号	工序十二	工位名称	装缸盖罩、装机油压力报警器
要素序号	1	要素名称	取汽缸盖罩螺栓和垫圈并检查

图1

重要度	序号	主 要 步 骤	要 点	原 因
⟨LT⟩	1	取汽缸盖罩螺栓垫圈总成1件并检查（图1）	要求无残损	防止错装零件
安全(质量)事故记录		日期	说 明	

注：✚安全；Ⓥ关键；◇重要；㏗推拉；TG工具；LT看；FL听；○基本；□选件。

工位号	工序十二	工位名称	装缸盖罩、装机油压力报警器
要素序号	2	要素名称	取缸盖罩组件

图1　　　　　　　　　图2

重要度	序号	主 要 步 骤	要 点	原 因
⟨LT⟩	1	从料架上取缸盖罩组件至流水线	（1）检查缸盖罩垫、加油口盖、线夹支架已安装在缸盖罩上； （2）检查汽缸盖罩密封垫平贴汽缸盖罩总成安装面	
安全(质量)事故记录		日期	说 明	

注：✚安全；Ⓥ关键；◇重要；㏗推拉；TG工具；LT看；FL听；○基本；□选件。

工位号		工序十二	工位名称	装缸盖罩、装机油压力报警器
要素序号		3	要素名称	检查无漏调气门间隙(互检)

图1 已调整好的气门　　图2 没有调整好的气门

重要度	序号	主要步骤	要 点	原 因
	1	检查无漏调气门间隙(互检)	用手指点8个气门,已调整合格气门的调整螺母位置如图1所示	漏调气门间隙导致气门异响,排放不合格等
安全(质量)事故记录		日期	说　　明	

注:✚ 安全;▽ 关键;◇ 重要;PP 推拉;TG 工具;LT 看;FL 听;○ 基本;□ 选件。

工位号		工序十二	工位名称	装缸盖罩、装机油压力报警器
要素序号		4	要素名称	预装汽缸盖罩并检查

图1　　图2

重要度	序号	主要步骤	要 点	原 因
	1	左手将汽缸盖罩总成安装于汽缸盖总成安装面(图1)	(1)曲轴箱通气管朝进气侧; (2)缸盖罩密封垫平贴汽缸盖总成安装面	避免密封垫装不进槽
	2	取汽缸盖罩螺栓组合件M6×90(4件)拧入汽缸盖罩安装孔2~3牙(图2)	(1)看螺栓无残损; (2)拧入螺孔2~3牙	确保零件质量
安全(质量)事故记录		日期	说　　明	

注:✚ 安全;▽ 关键;◇ 重要;PP 推拉;TG 工具;LT 看;FL 听;○ 基本;□ 选件。

工位号	工序十二	工位名称	装缸盖罩、装机油压力报警器
要素序号	5	要素名称	拧紧螺栓并检查

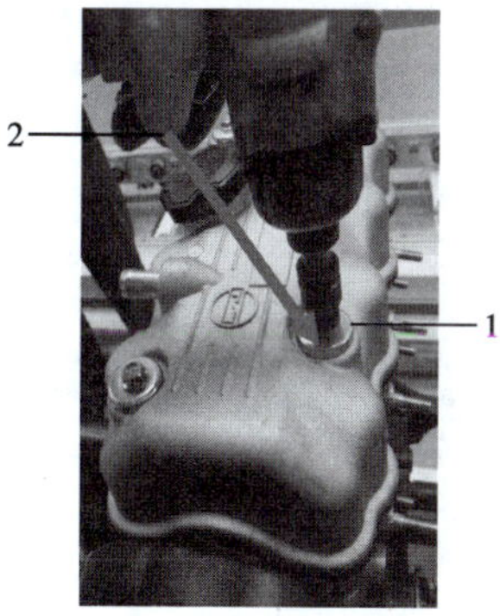

图1

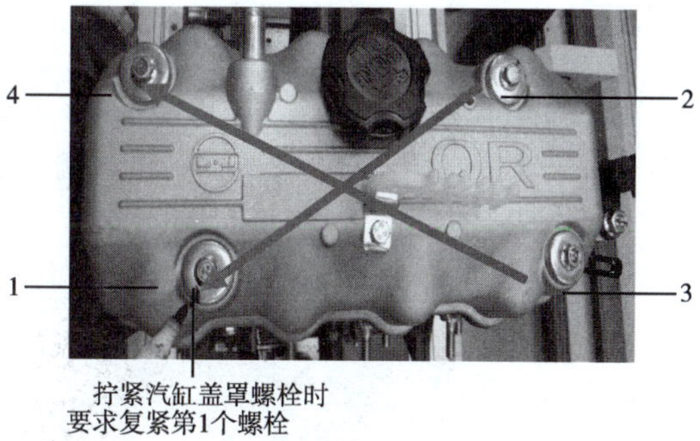

图2 拧紧汽缸盖罩螺栓时要求复紧第1个螺栓

重要度	序号	主要步骤	要点	原因
	1	取定扭扳手1把	定扭扳手设定值：7N·m	工艺要求
	2	取10号套筒装于定扭扳手（图1）		
	3	用定扭扳手按交叉对角均匀拧紧4个汽缸盖罩螺栓（图1和图2箭头所示）	（1）汽缸盖罩总成安装平面与缸盖安装面平贴；（2）交叉对角拧紧螺栓；（3）螺栓力矩范围：6~8N·m	避免密封垫装不进槽
	4	复紧第1个螺栓	拧紧汽缸盖罩后要求复紧第1个螺栓	防止第1个螺栓力矩不足

安全（质量）事故记录	日期	说明

注：✚ 安全；▽ 关键；◇ 重要；PP 推拉；TG 工具；LT 看；FL 听；○ 基本；□ 选件。

工位号	工序十二	工位名称	装缸盖罩、装机油压力报警器
要素序号	6	要素名称	检查汽缸盖罩螺栓无漏拧紧并做自检标识

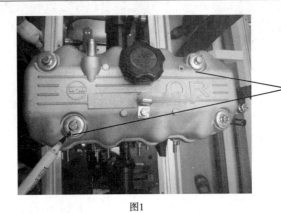

图1

图2　　　　　　　　　　图3

重要度	序号	主要步骤	要　　点	原　　因
㉘	1	检查汽缸盖罩4个螺栓无漏拧紧并画自检标识（图1）	用手逆时针反转螺栓检查	确保装配质量
◇	2	检查汽缸盖罩胶条无夹胶并做自检标识（图2、图3）	目视检查汽缸盖罩四周	防止漏油

安全(质量)事故记录	日期	说　　明

注：✚ 安全；▽ 关键；◇ 重要；㉘ 推拉；㊆ 工具；◊ 看；㊐ 听；○ 基本；□ 选件。

144

工位号		工序十二	工位名称	装缸盖罩、装机油压力报警器	
要素序号		7	要素名称	取机油压力报警器并检查	
重要度	序号	主要步骤	要 点	原 因	
	1	取机油压力报警器	检查确认螺纹完好	确保装配质量	
	2	将机油压力报警器放置在定位工装上	放置水平	确保涂胶质量	
安全(质量)事故记录		日期	说 明		

注：✚安全；Ⓥ关键；◇重要；㏘推拉；TG工具；LT看；FL听；○基本；□选件。

工位号		工序十二	工位名称	装缸盖罩、装机油压力报警器	
要素序号		8	要素名称	涂厌氧胶	
重要度	序号	主要步骤	要 点	原 因	
	1	取厌氧胶瓶并在机油压力报警器螺纹处涂厌氧胶	要求报警器螺纹周边均匀粘上厌氧胶	(1)厌氧胶属于有毒化学品,腐蚀皮肤；(2)防止漏油	
	2	把厌氧胶瓶放回初始位置			
安全(质量)事故记录		日期	说 明		

注：✚安全；Ⓥ关键；◇重要；㏘推拉；TG工具；LT看；FL听；○基本；□选件。

工位号	工序十二	工位名称	装缸盖罩、装机油压力报警器
要素序号	9	要素名称	预装并拧紧机油压力报警器

图1

重要度	序号	主要步骤	要点	原因
	1	取1件已涂胶的机油压力报警器拧进对应螺纹孔2~3牙		确保装配质量
	2	取气动定扭扳手及24号套筒拧紧机油压力报警器总成	(1)力矩设定值为:13N·m；(2)力矩范围:12~15N·m	保证力矩符合规定,防止漏油

安全(质量)事故记录	日期	说明

注：✚ 安全；▽ 关键；◇ 重要；PP 推拉；TG 工具；LT 看；FL 听；○ 基本；□ 选件。

工位号	工序十二	工位名称	装缸盖罩、装机油压力报警器
要素序号	10	要素名称	自检并画标识

图1

重要度	序号	主要步骤	要点	原因
	1	自检确认机油压力报警器无漏拧紧后,用白色油性笔在机油压力报警器上画上自检标识	画线应清晰可见	防止漏拧紧机油压力报警器

安全(质量)事故记录	日期	说明

注：✚ 安全；▽ 关键；◇ 重要；PP 推拉；TG 工具；LT 看；FL 听；○ 基本；□ 选件。

缸盖罩、机油压力报警器拆卸工艺及注意事项

(1)用定扭扳手拧松缸盖罩螺栓,取出缸盖罩组件及缸盖罩螺栓,放于物料盆中。

  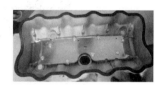

(2)用定扭扳手拧松机油压力报警器,放于物料盆中。

注意事项:

(1)拆卸过程中,注意不能刮伤、刮花各零部件。

(2)所有零件拆卸后,用S-105型清洗剂将油污清洗干净。

(3)所有的零部件放置物料盆后一定要做好标识(特别是螺栓规格),防止后续组装不会错装。

(4)拆卸过程中,若发现不符合装配时的要求,需记录问题并反馈,以提醒或纠正后续组装作业符合装配要求。

13. 装进水管、飞轮、滤清器工位作业指导书

工位号	工序十三	工位名称	装进水管、飞轮、滤清器
要素序号	1	要素名称	取进水管组件

图1

重要度	序号	主要步骤	要点	原因
		取进水管组件1件	确认进水管与当前装配机盘一致	防止错装零件

安全(质量)事故记录	日期	说　明

注：✚ 安全；Ⓥ 关键；◇ 重要；㏘ 推拉；TG 工具；LT 看；FL 听；○ 基本；□ 选件。

工位号	工序十三	工位名称	装进水管、飞轮、滤清器
要素序号	2	要素名称	取零件

图1　　图2　　进水管密封垫

重要度	序号	主要步骤	要点	原因
	1	取进水管密封垫1件（图1）	（1）进水管密封垫1件（带密封胶）；（2）目视检查密封垫无裂、断、夹层和两面耐油硅酮密封线无断线等质量问题	确保零件质量
	2	取螺栓组合件M6×20(2件)穿过进水管密封垫安装孔装入进水管总成安装孔(图2)		工艺要求

安全(质量)事故记录	日期	说　明

注：✚ 安全；Ⓥ 关键；◇ 重要；㏘ 推拉；TG 工具；LT 看；FL 听；○ 基本；□ 选件。

工位号	工序十三	工位名称	装进水管、飞轮、滤清器
要素序号	3	要素名称	预紧进水管总成

图1

重要度	序号	主 要 步 骤	要 点	原 因
	1	将装好密封垫的进水管总成放置于曲轴箱上的安装面固定	（1）进水口朝下（曲轴箱底面）； （2）要求进水管总成安装孔与曲轴箱上的进水管总成安装螺孔对正	方向不对或不对安装孔造成发动机漏水
	2	取10号长杆套筒1支，用套筒预紧螺栓，拧入机体安装螺孔2~3牙	（1）左手食指和中指从进水管底部紧贴安装端面顶住进水管垫片处，拇指压住进水管总成往下用力压紧进水管使其对准曲轴箱安装孔； （2）右手旋转套筒拧入螺钉2~3牙	（1）防止进水管垫片不对安装孔造成漏水； （2）防止因错牙损坏螺纹螺孔

安全(质量)事故记录	日期	说　　　明

注：✚ 安全；▽ 关键；◇ 重要；ⓅⓅ 推拉；🅃🄶 工具；🅛🅣 看；🄵🄻 听；○ 基本；□ 选件。

工位号	工序十三	工位名称	装进水管、飞轮、滤清器
要素序号	4	要素名称	拧紧进水管总螺栓并画自检标识

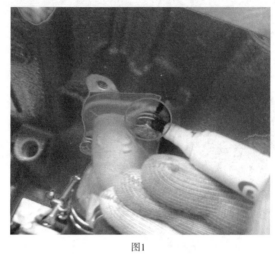

图1

重要度	序号	主要步骤	要　　点	原　　因
<LT>	1	取气动定扭扳手1把,把10号套筒装于定扭风枪	气动定扭扳手设定值:10N·m	保证装配力矩
	2	用定扭扳手拧紧2个螺栓组合件	(1)螺栓力矩范围:9~12N·m; (2)螺栓弹簧垫片压贴平齐; (3)检查进水管密封垫完全装入安装端面	力矩不足或垫片损坏发动机漏水
	3	取下10号套筒		
	4	取蓝色油性笔在进水管第一个螺栓垫片处连进水管壳体画一直线	(1)检查无漏装进水管密封垫; (2)画线应清晰可见	(1)防止漏装进水管垫片; (2)漏装垫片造成漏水
安全(质量)事故记录	日期	说　　明		

注:✚ 安全;▽ 关键;◇ 重要;PP 推拉;TG 工具;LT 看;FL 听;○ 基本;□ 选件。

工位号	工序十三	工位名称	装进水管、飞轮、滤清器
要素序号	5	要素名称	检查曲轴后端盖紧固螺栓无漏拧紧并做互检标识(互检)

图1

重要度	序号	主要步骤	要　点	原　因
LT	1	检查曲轴后端盖紧固螺栓无漏拧紧,油封唇口无铲边、无异物	(1)螺栓与安装孔平面平贴; (2)油封唇口无铲边、无异物	(1)防止漏装螺栓或漏拧紧螺栓漏油; (2)防止油封漏油
	2	互检合格,在油封右上角处用白色油性笔画互检标识	标识应清晰可见	防止互检失效
安全(质量)事故记录		日期	说　明	

注: ✚安全; ▽关键; ◇重要; PP推拉; TG工具; LT看; FL听; ○基本; □选件。

工位号	工序十三	工位名称	装进水管、飞轮、滤清器
要素序号	6	要素名称	装飞轮定位销并检查

定位销

图1

重要度	序号	主要步骤	要　点	原　因
	1	从零件盒取定位销1件装入曲轴后端定位孔内	压装到位,要求定位销与曲轴后端面垂直	防定位销脱落
安全(质量)事故记录		日期	说　明	

注: ✚安全; ▽关键; ◇重要; PP推拉; TG工具; LT看; FL听; ○基本; □选件。

工位号	工序十三	工位名称	装进水管、飞轮、滤清器
要素序号	7	要素名称	装飞轮并检查

飞轮定位销孔

图1

重要度	序号	主 要 步 骤	要　　点	原　　因
✚	1	移步到物料车双手取飞轮总成1件	（1）看飞轮有无崩齿等质量缺陷； （2）看飞轮接合面无油污	（1）防止飞轮跌落伤人； （2）确保零件质量
✚	2	移步到装配工位双手将飞轮总成装入曲轴后端	（1）要求飞轮定位销孔与定位销对应； （2）飞轮安装面平贴曲轴大头无歪斜	防止飞轮跌落伤人

安全(质量)事故记录	日期	说　　明

注：✚ 安全；Ⅴ 关键；◇ 重要；PP 推拉；TG 工具；LT 看；FL 听；○ 基本；□ 选件。

工位号	工序十三	工位名称	装进水管、飞轮、滤清器
要素序号	8	要素名称	预装螺栓并检查

图1

重要度	序号	主 要 步 骤	要 点	原 因
	1	从零件盒取飞轮螺栓 $M10 \times 1 \times 16.5$(6件)		
	2	用手预紧飞轮螺栓拧入曲轴大头螺栓孔	2~3牙	防止因错牙损坏螺牙、损坏曲轴
安全(质量)事故记录		日期	说 明	

注:✚安全;▽关键;◇重要;⑫推拉;⑯工具;⑰看;㉅听;○基本;□选件。

工位号	工序十三	工位名称	装进水管、飞轮、滤清器
要素序号	9	要素名称	预紧螺栓

图1

重要度	序号	主 要 步 骤	要 点	原 因
▽	1	取14号套筒套于气动定扭扳手		保证装配质量
	2	用气动定扭扳手拧紧飞轮螺栓	螺栓拧紧顺序:交叉对角拧紧螺栓	工艺要求
安全(质量)事故记录		日期	说 明	

注:✚安全;▽关键;◇重要;⑫推拉;⑯工具;⑰看;㉅听;○基本;□选件。

工位号	工序十三	工位名称	装进水管、飞轮、滤清器
要素序号	10	要素名称	拧紧螺栓并检查

图1

重要度	序号	主要步骤	要点	原因
	1	将飞轮止动器装入曲轴箱后端的变速器连接孔	使飞轮止动器卡齿与飞轮齿圈啮合	便于下工序作业
Ⓥ	2	用扭力扳手拧紧飞轮螺栓	(1)螺栓拧紧顺序:交错对角拧紧螺栓; (2)匀速扳动扭力扳手手柄拧紧螺栓,听到"咔嗒"声,停止施加扭力; (3)若扭力扳手不转动或转动不足半圈,需松退螺栓半圈以上,再重新施加扭力; (4)螺栓力矩范围:40~50N·m	受力不均匀,力矩不足,会发生发动机异响、零件损坏、飞轮飞出伤人等严重安全质量事故

安全(质量)事故记录	日期	说明

注:✚安全;Ⓥ关键;◇重要;⒫推拉;⒯工具;⒧看;⒡听;○基本;□选件。

工位号	工序十三	工位名称	装进水管、飞轮、滤清器
要素序号	11	要素名称	取零件和工具

图1

图2

图3

重要度	序号	主要步骤	要 点	原 因
	1	机滤器接头工具1件（图1）	机滤器接头工具,工具无损坏,变形	确保装配质量
	2	连接管1件(图2)	连接管无烂压,滑角	确保零件质量
安全(质量)事故记录		日期	说　　明	

注:✚安全;▽关键;◇重要;(PP)推拉;(TG)工具;(LT)看;(FL)听;○基本;□选件。

工位号	工序十三	工位名称	装进水管、飞轮、滤清器
要素序号	12	要素名称	装连接管并检查

连接管螺纹短的一头

图1　　　　　　图2

重要度	序号	主要步骤	要 点	原 因
	1	取连接管拧入曲轴箱螺纹孔2~3牙(图1、图2)	（1）看连接管螺牙无损坏; （2）将连接管短螺纹端拧入螺纹孔。	装反会出现漏油
安全(质量)事故记录		日期	说　　明	

注:✚安全;▽关键;◇重要;(PP)推拉;(TG)工具;(LT)看;(FL)听;○基本;□选件。

工位号		工序十三	工位名称	装进水管、飞轮、滤清器
要素序号		13	要素名称	取气动定扭风枪拧紧连接管并检查

图1

重要度	序号	主要步骤	要点	原因
	1	取装有机滤器接头工具的气动定扭扳手1把		
	2	用气动定扭扳手拧紧连接管	(1)工作气压值(静态):0.5~0.7 MPa; (2)连接管安装面紧贴曲轴箱安装面; (3)气动定扭扳手力矩设定值为22N·m; (4)连接管力矩范围为20~25 N·m	力矩不够会导致漏油
安全(质量)事故记录		日期	说 明	

注:✚安全;▽关键;◇重要;PP推拉;TG工具;LT看;FL听;○基本;□选件。

工位号		工序十三	工位名称	装进水管、飞轮、滤清器
要素序号		14	要素名称	画自检标识

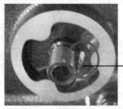

连接管画自检标识位置

图1

重要度	序号	主要步骤	要点	原因
	1	自检合格后,用白色油性笔在连接管和机油压力报警器上画上自检标识	画线应清晰可见	防止漏拧紧机油压力报警器
安全(质量)事故记录		日期	说 明	

注:✚安全;▽关键;◇重要;PP推拉;TG工具;LT看;FL听;○基本;□选件。

工位号	工序十三	工位名称	装进水管、飞轮、滤清器
要素序号	15	要素名称	预紧机油滤清器并检查

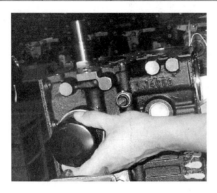

图1

将机油滤清器装到机油滤清器连接管上

图2

重要度	序号	主要步骤	要点	原因
	1	从零件盆上取机油滤清器1个(图1)		
	2	将机油滤清器装到机油滤清器连接管上,并用手拧紧(图2)	预紧时检查机油滤清器螺牙完好无损、无错牙	防止因螺牙损坏造成漏油

安全(质量)事故记录	日期	说明

注:✚安全;▽关键;◇重要;㏗推拉;㊆工具;㏒看;㊑听;○基本;□选件。

工位号	工序十三	工位名称	装进水管、飞轮、滤清器
要素序号	16	要素名称	拧紧机油滤清器并画自检标识

图1 装有机油滤清器专用套筒的扭力扳手

图2 用扭力扳手将机油滤清器拧紧

重要度	序号	主要步骤	要　　点	原　　因
	1	取装有机油滤清器专用套筒的扭力扳手1把（图1）	（1）扭力扳手范围：DB50N； （2）力矩设定值：13N·m； （3）力矩扳手在检定合格有效期内； （4）拧紧力矩为12~16N·m	保证装配力矩
ⓕ	2	取装有机油滤清器专用套筒的力矩扳手，拧紧机油滤清器（图2）	匀速扳动扭力扳手手柄，听到"咔嗒"声停止施加扭力	防止力矩不足或超力矩
	3	检查合格，用白色水性笔画线标识	（1）要求在机油滤清器上端面与曲轴箱体用白色水性笔画一直线； （2）标识清晰可见	防止漏拧紧
安全（质量）事故记录	日期	说　　明		

注：✚ 安全；▽ 关键；◇ 重要；ⓟⓟ 推拉；ⓣⓖ 工具；ⓛⓣ 看；ⓕⓛ 听；〇 基本；□ 选件。

进水管、飞轮、滤清器拆卸工艺及注意事项

(1)用定扭扳手拧松进水管,取出进水管组件及螺栓、密封垫,放于物料盆中。

(2)用定扭扳手拧松飞轮螺栓,取出飞轮及螺栓、定位销,放于物料盆中。

(3)用定扭扳手拧松滤清器、连接管,放于物料盆中。

注意事项:

(1)拆卸过程中,注意不能刮伤、刮花各零部件。

(2)所有零件拆卸后,用 S-105 型清洗剂将油污清洗干净。

(3)进水管密封垫拆卸后不能再使用。

(4)所有的零部件放置物料盆后一定要做好标识(特别是螺栓规格),防止后续组装不会错装。

(5)拆卸过程中,若发现不符合装配时的要求,需记录问题并反馈,以提醒或纠正后续组装作业符合装配要求。

14. 装主动皮带轮、发电机托架作业指导书

工位号		工序十四	工位名称	装主动皮带轮、发电机托架
要素序号		1	要素名称	取主动皮带轮和螺栓

图1：主动皮带轮（空调状态用）

图2：主动皮带轮螺栓 M12×1.25×27

重要度	序号	主要步骤	要点	原因
	1	取主动皮带轮（或主动V形带轮）1件至流水线装配工位旁（图1）		防止装错零件
	2	取主动皮带轮螺栓 M12×1.25×27 1件（图2）		

安全(质量)事故记录	日期	说　　明

注：✚ 安全；▽ 关键；◇ 重要；PP 推拉；TG 工具；LT 看；FL 听；○ 基本；□ 选件。

工位号		工序十四	工位名称	装主动皮带轮、发电机托架
要素序号		2	要素名称	预装主动皮带轮螺栓

涂厌氧胶

图1 　　　　　　图2

重要度	序号	主 要 步 骤	要　　　　点	原　　因
	1	装主动皮带轮(或主动V形带轮)于后罩壳上的安装面(图1)	(1)曲轴小头键对应主动皮带轮(或主动V形带轮)的槽; (2)皮带轮安装面平贴曲轴正时齿轮	工艺要求
	2	在主动皮带轮螺栓孔处涂厌氧胶(图1)		
	3	取螺栓1件,预紧主动皮带轮,拧入螺栓孔2~3牙(图2)		防止滑牙

安全(质量)事故记录	日期	说　　　　明

注:✚ 安全;Ⓥ 关键;◇ 重要;㏙ 推拉;㏆ 工具;㏐ 看;㊋ 听;◯ 基本;▢ 选件。

工位号	工序十四	工位名称	装主动皮带轮、发电机托架
要素序号	3	要素名称	预紧主动皮带轮螺栓

图1

重要度	序号	主要步骤	要点	原因
	1	将飞轮止动器装进发动机排气侧变速器连接螺栓孔	工装的齿和飞轮齿啮合良好	为后续装配做准备
	2	把套筒装于气动定扭扳手,拧紧主动皮带轮螺栓	(1)M12×1.25×27用17号套筒; (2)定扭扳手设定值:82 N·m; (3)工作气压值(静态):0.5~0.7MPa	确保力矩符合质量要求

安全(质量)事故记录	日期	说明

注:✚安全;▽关键;◇重要;PP推拉;TG工具;LT看;FL听;○基本;□选件。

162

工位号	工序十四	工位名称	装主动皮带轮、发电机托架
要素序号	4	要素名称	拧紧螺栓并检查

图1　　　　　　　　　　　　图2

重要度	序号	主要步骤	要点	原因
LT ◇	1	取扭力扳手	力矩设定值:90N·m	工艺要求
◇ FL	2	用扭力扳手拧紧主动皮带轮螺栓(图1)	(1)匀速扳动扭力扳手手柄听到"咔嗒"声,停止施加扭力; (2)若扭力扳手不转动或转动不足半圈,需松退螺栓1圈以上,再重新施加扭力; (3)力矩范围:80~100N·m	确保符合力矩要求
	3	取下止动器和扭力扳手并放回原来位置		
	4	检查主动皮带轮螺栓无漏拧紧并做自检标识(图2)	自检标识贯穿皮带轮与螺栓	确保质量

安全(质量)事故记录	日期	说明

注:✚安全;▽关键;◇重要;PP推拉;TG工具;LT看;FL听;○基本;□选件。

工位号		工序十四	工位名称	装主动皮带轮、发电机托架
要素序号		5	要素名称	取零件和工具

图1

图2

重要度	序号	主要步骤	要 点	原 因
	1	取发电机托架总成1件及螺栓组合件	螺栓组合件 M8×30（3件）	确保零件质量，防止装错零件
安全(质量)事故记录		日期	说 明	

注：✚安全；▽关键；◇重要；(PP)推拉；(TG)工具；(LT)看；(FL)听；○基本；□选件。

工位号		工序十四	工位名称	装主动皮带轮、发电机托架
要素序号		6	要素名称	预装发电机托架

图1

重要度	序号	主要步骤	要 点	原 因
	1	左手取发电机托架总成放置于安装面	托架安装孔与曲轴箱安装面安装孔相对应	方便后续工作
	2	右手取螺栓组合件M8×30（3件）分别拧入发电机托架总成安装孔2~3牙	各螺栓安装位置如图1所示	防止螺栓安装错误
安全(质量)事故记录		日期	说 明	

注：✚安全；▽关键；◇重要；(PP)推拉；(TG)工具；(LT)看；(FL)听；○基本；□选件。

工位号	工序十四	工位名称	装主动皮带轮、发电机托架
要素序号	7	要素名称	拧紧发电机托架并检查

图1　　　　　　　　　图2　　　　　　　　　图3

重要度	序号	主要步骤	要　点	原　因
	1	取气动定扭扳手套上13号长杆套筒	(1)定扭扳手设定值为:19N·m； (2)工作气压值(静态):0.5～0.7MPa	确保力矩
	2	用气动定扭扳手按照顺序拧紧发电机托架螺栓	顺序如图1所示	工艺要求
	3	检查发电机托架螺栓无漏拧紧并做自检标识(图2、图3)	3个螺栓	自检标识,确保漏拧紧

安全(质量)事故记录	日期	说　明

注:■安全；▽关键；◇重要；⦾推拉；⦿工具；⦿看；⦿听；○基本；□选件。

 **知识拓展**

主动皮带轮、发电机托架拆卸工艺及注意事项

（1）用定扭扳手拧松发电机托架，取出发电机托架及螺栓，放于物料盆中。

（2）用定扭扳手拧松主动皮带轮螺栓，取出主动皮带轮及螺栓，放于物料盆中。

注意事项：

（1）拆卸过程中，注意不能刮伤、刮花各零部件。

（2）所有的零部件放置物料盆后一定要做好标识（特别是螺栓规格），防止后续组装不会错装。

（3）拆卸过程中，若发现不符合装配时的要求，需记录问题并反馈，以提醒或纠正后续组装作业符合装配要求。

15. 装油位计导管、左悬挂、进气管作业指导书

工位号	工序十五	工位名称	装油位计导管、左悬挂、进气管
要素序号	1	要素名称	装油位计导管并检查

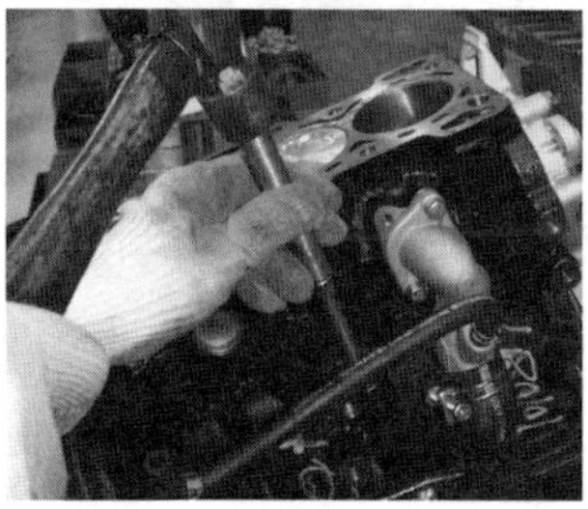

图1

重要度	序号	主要步骤	要 点	原 因
	1	用铁锤及专用工装将油位计导管敲入缸体安装孔中	敲到底为止	防脱落

安全(质量)事故记录	日期	说 明

注:✚安全；▽关键；◇重要；㏚推拉；TG工具；LT看；FL听；○基本；□选件。

工位号	工序十五	工位名称	装油位计导管、左悬挂、进气管
要素序号	2	要素名称	预装左悬挂

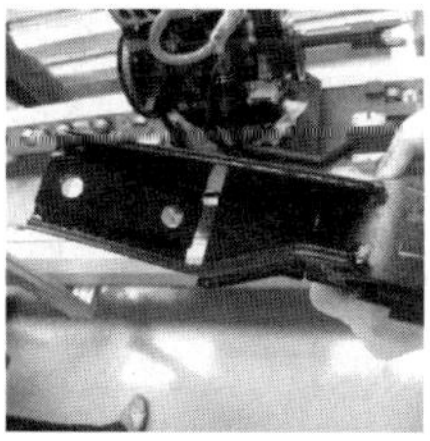

图1 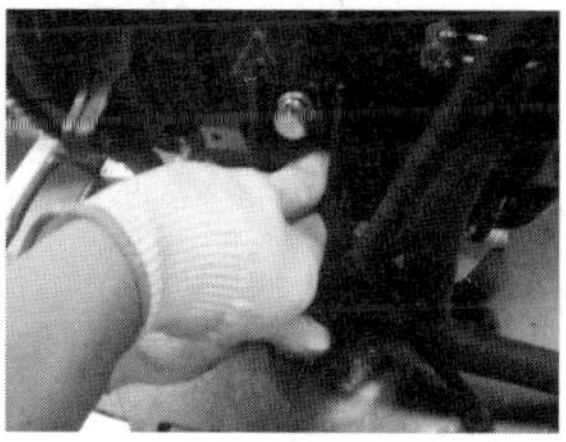　　图2

重要度	序号	主要步骤	要 点	原 因
	1	取左悬挂1件并检查(图1)	确认左悬挂型号标识与当前装配机型一致	防止错装零件
	2	将左悬挂用2个螺栓组合件M10×1.25×25装在缸体对应孔,拧入2~3牙(图2)		

安全(质量)事故记录	日期	说 明

注:✚安全；▽关键；◇重要；㏚推拉；TG工具；LT看；FL听；○基本；□选件。

工位号	工序十五	工位名称	装油位计导管、左悬挂、进气管
要素序号	3	要素名称	拧紧左悬挂螺栓并检查

图1 　　　　　　　　　图2 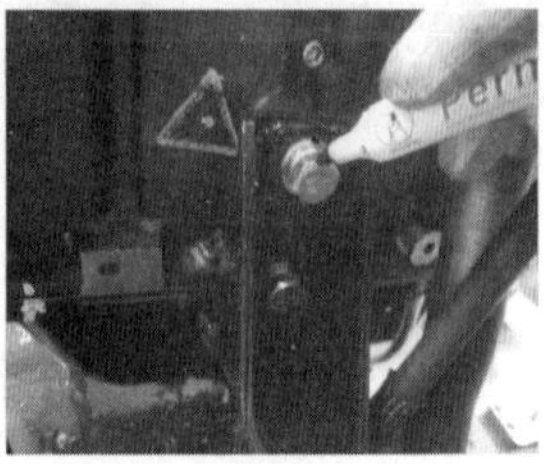　　　　　　　　　图3

重要度	序号	主要步骤	要　点	原　因
	1	取装有16号长杆套筒的气动定扭扳手拧紧左悬挂螺栓（图1）	（1）气动定扭扳手设定值：34N·m； （2）螺栓力矩范围：32~42N·m； （3）工作气压值（静态）：0.5~0.7MPa	保证装配力矩
	2	取扭力扳手套上16号长杆套筒	力矩设定值：33N·m	工艺要求
	3	用扭力扳手拧紧2件M10螺栓至力矩范围（图2）	（1）匀速扳动扭力扳手手柄交错对称拧紧，听到"咔嗒"声，停止施加扭力； （2）若扭力扳手不转动或转动不足半圈，需松退螺栓半圈以上，再重新施加扭力； （3）螺栓力矩范围：32~42N·m	（1）力矩过大螺栓牙烂； （2）保证装配力矩
	4	检查左悬挂螺栓无漏拧紧并做自检标识（图3）		防止漏拧紧

安全（质量）事故记录	日期	说　明

注：✚安全；▽关键；◇重要；PP推拉；TG工具；LT看；FL听；○基本；□选件。

工位号		工序十五	工位名称	装油位计导管、左悬挂、进气管
要素序号		4	要素名称	装进气歧管垫片

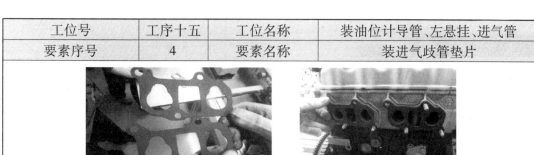

图1　　　　　　　　　图2

重要度	序号	主 要 步 骤	要　　　点	原　　因
(LT)	1	取进气歧管垫片一台套	检查密封垫无裂、断、夹层等质量问题(图1)	确保装配质量
	2	装进气歧管垫片	垫片孔和汽缸盖进气口一致(图2)	防止装反
安全(质量)事故记录		日期	说　　　明	

注：✚ 安全；▽ 关键；◇ 重要；(PP) 推拉；(TG) 工具；(LT) 看；(FL) 听；○ 基本；□ 选件。

工位号		工序十五	工位名称	装油位计导管、左悬挂、进气管
要素序号		5	要素名称	预装进气歧管

图1　　图2　　图3　　图4　　图5

重要度	序号	主 要 步 骤	要　　　点	原　　因
(LT)	1	双手取进气歧管1件，并套进对应双头螺柱(图1)	检查进气歧管完好	
	2	取2件M8×20螺栓紧至对应孔2~3牙(图2)		防止滑牙
	3	取吊钩(图3)、M8螺母、弹垫(图4)各1件，并预拧紧至对应双头螺柱2~3牙(图5)		防装错零件
	4		放行托盘	
安全(质量)事故记录		日期	说　　　明	

注：✚ 安全；▽ 关键；◇ 重要；(PP) 推拉；(TG) 工具；(LT) 看；(FL) 听；○ 基本；□ 选件。

工位号		工序十五	工位名称	装油位计导管、左悬挂、进气管
要素序号		6	要素名称	拧紧进气歧管螺栓并检查

图1

图2

重要度	序号	主要步骤	要点	原因
	1	取气动定扭扳手1把,把12号套筒装上定扭扳手	气动定扭扳手设定值:18N·m	保证装配力矩
	2	用定扭扳手拧紧2个螺栓(图1)	螺栓力矩范围:17~21N·m	力矩不足或垫片损坏会使发动机漏水
	3	取下12号套筒,换上13号套筒装上定扭扳手	气动定扭扳手设定值:18N·m	保证装配力矩
✚	4	用定扭扳手拧紧进气歧管吊钩螺母(图2)	(1)螺母力矩范围:17~21N·m; (2)拧紧进气歧管吊钩螺母,手扶吊钩至定位面紧贴进气歧管(图2)	力矩不足或垫片损坏会使发动机漏水
	5	检查螺栓、螺母无漏拧紧,垫片无漏装并做自检标识		

安全(质量)事故记录	日期	说明

注:✚安全;▽关键;◇重要;PP推拉;TG工具;LT看;FL听;○基本;□选件。

工位号		工序十五	工位名称	装油位计导管、左悬挂、进气管
要素序号		7	要素名称	预装1缸进气歧管螺母

序号	主要步骤	要点	原因
1	取M8螺母1件,预装至1缸进气歧管对应双头螺柱到底,紧贴进气歧管		

安全(质量)事故记录	日期	说明

注:✚安全;▽关键;◇重要;PP推拉;TG工具;LT看;FL听;○基本;□选件。

工位号	工序十五	工位名称	装油位计导管、左悬挂、进气管
要素序号	8	要素名称	预装3个进气歧管螺母

预紧至紧贴进气歧管
图1

重要度	序号	主要步骤	要点	原因
	1	取3个进气歧管M8螺母		
	2	将3个M8螺母预拧至紧贴进气歧管		

安全(质量)事故记录	日期	说明

注：✚ 安全；▽ 关键；◇ 重要；PP 推拉；TG 工具；LT 看；FL 听；○ 基本；□ 选件。

工位号	工序十五	工位名称	装油位计导管、左悬挂、进气管
要素序号	9	要素名称	拧紧3、4缸螺母并检查

13号开口扭力扳手
13号开口扳手

图1　　　　　　　　　　图2

重要度	序号	主要步骤	要点	原因
	1	取13号开口扳手1把(图1)		
	2	预拧紧3、4缸螺母		
	3	取13号开口扭力扳手1把	力矩设置为18N·m	工艺要求
	4	拧紧3、4缸螺母(图2)	(1)匀速扳动扭力扳手手柄拧紧螺栓,听到"咔嗒"声,停止施加扭力；(2)若扭力扳手不转动或转动不足半圈,需松退螺栓半圈以上,再重新施加扭力；(3)螺栓力矩范围:17~21N·m	工艺要求
	5	检查3、4缸螺母无漏拧紧并做自检标识,自检标识贯穿进气歧管和螺母	防止漏拧紧	

安全(质量)事故记录	日期	说明

注：✚ 安全；▽ 关键；◇ 重要；PP 推拉；TG 工具；LT 看；FL 听；○ 基本；□ 选件。

工位号	工序十五	工位名称	装油位计导管、左悬挂、进气管
要素序号	10	要素名称	拧紧1、2缸进气歧管螺母

图1

重要度	序号	主要步骤	要点	原因
	1	取13号开口扳手拧紧1、2缸进气歧管螺母		
	2	检查1、2缸进气歧管螺母无漏拧紧并做自检标识	在4缸做贯穿进气歧管和螺母	

安全(质量)事故记录	日期	说　　明

注：✚ 安全；▽ 关键；◇ 重要；PP 推拉；TG 工具；LT 看；FL 听；○ 基本；□ 选件。

 知识拓展

油位计导管、左悬挂、进气管拆卸工艺及注意事项

（1）用定扭扳手及开口扳手拧松进气管螺栓、螺母，取出进气管及螺栓、螺母、吊耳、进气管垫片等，放于物料盆中。

（2）用定扭扳手拧松左悬挂螺栓，放于物料盆中。

注意事项：

（1）拆卸过程中，注意不能刮伤、刮花各零部件。

（2）进气管垫片拆卸后不建议再使用，需更换新的垫片。

（3）油位计导管不建议拆卸。

（4）所有的零部件放置物料盆后一定要做好标识（特别是螺栓规格），防止后续组装不会错装。

（5）拆卸过程中，若发现不符合装配时的要求，需记录问题并反馈，以提醒或纠正后续组装作业符合装配要求。

16. 装爆震传感器、油位计、燃油导轨作业指导书

工位号	工序十六	工位名称	装爆震传感器、油位计、燃油导轨
要素序号	1	要素名称	装爆震传感器

传感器接头朝发动机后端且与曲轴箱顶成30°~45°角。

图1

图2

重要度	序号	主要步骤	要点	原因
	1	取爆震传感器1件并用M8×30螺栓预装至缸体对应螺栓孔2~3牙(图1)		防止装错零件
	2	取12号套筒装上气动定扭扳手	气动定扭扳手力矩设定值:20N·m	保证装配力矩
	3	用气动定扭扳手穿过进气歧管间隙拧紧爆震传感器(图2)	(1)力矩范围:18~23N·m; (2)传感器接头朝发动机后端且与曲轴箱顶成30°~45°角	保证装配力矩,方便下道工序装配
	4	检查爆震传感器螺栓无漏拧紧并做自检标识		

安全(质量)事故记录	日期	说明

注:✚安全;▽关键;◇重要;(PP)推拉;(TG)工具;(LT)看;(FL)听;○基本;□选件。

工位号		工序十六	工位名称	装爆震传感器、油位计、燃油导轨
要素序号		2	要素名称	装油标尺总成

图1

图2

重要度	序号	主要步骤	要 点	原 因
LT	1	取油标尺总成1件并检查(图1)	(1)检查无漏装O形圈; (2)检查O形圈无损坏	
	2	在油标尺O形圈上涂上润滑油	防止O形圈翻边	
	3	把油位计导管预装在曲轴箱上(图2)		

安全(质量)事故记录	日期	说　明

注:✚安全;▽关键;◇重要;PP 推拉;TG 工具;LT 看;FL 听;○基本;□选件。

工位号		工序十六	工位名称	装爆震传感器、油位计、燃油导轨
要素序号		3	要素名称	装曲轴箱通气管 I

图1

图2

图3

重要度	序号	主要步骤	要 点	原 因
LT	1	取曲轴箱通气管 I 1件并检查(图1)	检查确认曲轴箱通气管 I 外观完好	
	2	将PCV阀通气管插进PCV阀(图2)		
	3	将曲轴箱通气管插入汽缸盖罩连接管	取钳子夹住管夹,管夹松开后,移动管夹到离管夹口端面	
	4	取钳子夹住管夹,管夹松开后,移动管夹到离管夹口端面(图3)	移动管夹到离管夹口端面2~4mm	

安全(质量)事故记录	日期	说　明

注:✚安全;▽关键;◇重要;PP 推拉;TG 工具;LT 看;FL 听;○基本;□选件。

工位号		工序十六	工位名称	装爆震传感器、油位计、燃油导轨
要素序号		4	要素名称	取燃油导轨并检查

图1

重要度	序号	主 要 步 骤	要 点	原 因
LT	1	取燃油导轨1件并检查	检查O形圈无破损、变形	工艺要求

安全(质量)事故记录	日期	说 明

注:■安全;◇关键;◇重要;PP推拉;TG工具;LT看;FL听;○基本;□选件。

工位号		工序十六	工位名称	装爆震传感器、油位计、燃油导轨
要素序号		5	要素名称	在喷油器的O形圈上涂润滑油

重要度	序号	主 要 步 骤	要 点	原 因
	1	在喷油器的O形圈上均匀涂上润滑油	防止O形圈翻边造成漏油	

安全(质量)事故记录	日期	说 明

注:■安全;◇关键;◇重要;PP推拉;TG工具;LT看;FL听;○基本;□选件。

工位号	工序十六	工位名称	装爆震传感器、油位计、燃油导轨
要素序号	6	要素名称	装燃油导轨并检查

图1

重要度	序号	主要步骤	要点	原因
	1	用双手拿住燃油导轨总成两端,将喷油器装到位(图1)	(1)燃油导轨安装后,曲轴箱通气管I置于进气歧管和燃油导轨之间; (2)检查O形圈无翻边	工艺要求

安全(质量)事故记录	日期	说　明

注: ✚ 安全; ▽ 关键; ◇ 重要; PP 推拉; TG 工具; LT 看; FL 听; ○ 基本; □ 选件。

工位号		工序十六	工位名称	装爆震传感器、油位计、燃油导轨
要素序号		7	要素名称	拧紧燃油导轨总成螺栓并检查

图1　　　　　　　　　　图2

重要度	序号	主要步骤	要　　点	原　　因
	1	取螺栓组合件M8×16(2个),拧入2~3牙(图1)		
	2	取套有13号套筒的定扭风枪	(1)定扭扳手设定值为:16N·m; (2)工作气压值:0.5~0.7MPa	工艺要求
	3	用定扭扳手拧紧燃油导轨总成螺栓(图2)	(1)螺栓和垫圈要平贴安装面; (2)力矩范围:15~18N·m	螺栓漏拧紧,油轨松动漏燃油,存在火烧车的隐患
安全(质量)事故记录		日期	说　　明	

注:✚安全;▽关键;◇重要;㏘推拉;㋣工具;㏐看;㏑听;○基本;□选件。

工位号		工序十六	工位名称	装爆震传感器、油位计、燃油导轨
要素序号		8	要素名称	自检并做标识

图1

重要度	序号	主要步骤	要　　点	原　　因
	1	检查燃油导轨螺栓无漏拧紧,并做自检标识		工艺要求
	2	带上进气歧管支架螺钉,预紧2~3牙		
安全(质量)事故记录		日期	说　　明	

注:✚安全;▽关键;◇重要;㏘推拉;㋣工具;㏐看;㏑听;○基本;□选件。

爆震传感器、油位计、燃油导轨拆卸工艺及注意事项

（1）用定扭扳手及13号套筒拧松燃油导轨螺栓，取出燃油导轨及螺栓，放于物料盆中。

（2）用管夹钳取出曲轴箱通气管组件，放于物料盆中。

（3）拔出油位计，放于物料盆中。

（4）用定扭扳手及13号套筒拧松爆震传感器螺栓，取出爆震传感器及螺栓，放于物料盆中。

注意事项：

（1）拆卸过程中，注意不能刮伤、刮花各零部件。

（2）所有的零部件放置物料盆后一定要做好标识（特别是螺栓规格），防止后续组装不会错装。

（3）拆卸过程中，若发现不符合装配时的要求，需记录问题并反馈，以提醒或纠正后续组装作业符合装配要求。

17. 装排气管、氧传感器、排气管罩作业指导书

工位号	工序十七	工位名称	装排气管、氧传感器、排气管罩
要素序号	1	要素名称	拧紧2个双头螺柱

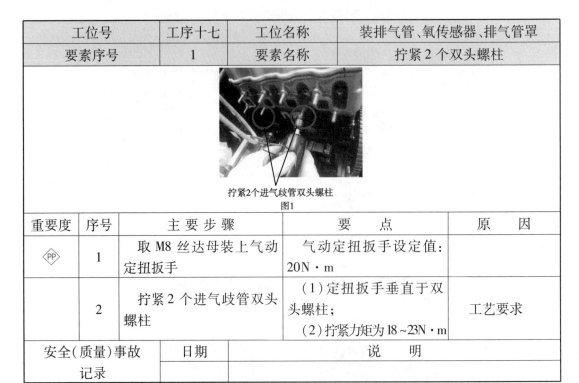

拧紧2个进气歧管双头螺柱
图1

重要度	序号	主要步骤	要点	原因
PP	1	取 M8 丝达母装上气动定扭扳手	气动定扭扳手设定值：20N·m	
	2	拧紧2个进气歧管双头螺柱	（1）定扭扳手垂直于双头螺柱； （2）拧紧力矩为18～23N·m	工艺要求
安全(质量)事故记录		日期	说明	

注：✚ 安全；▽ 关键；◇ 重要；PP 推拉；TG 工具；LT 看；FL 听；○ 基本；□ 选件。

工位号	工序十七	工位名称	装排气管、氧传感器、排气管罩
要素序号	2	要素名称	预装排气歧管隔热垫总成

图1　　　　　　　　图2

重要度	序号	主要步骤	要点	原因
PP	1	取排气歧管隔热垫1件并检查（图1）	检查确认隔热垫完好	
	2	将排气歧管隔热垫套入汽缸盖排气口一侧的双头螺柱上（图2）	排气管隔热垫应无缺陷，如折皱、护罩脱、护罩圈边包不住石棉层等	
安全(质量)事故记录		日期	说明	

注：✚ 安全；▽ 关键；◇ 重要；PP 推拉；TG 工具；LT 看；FL 听；○ 基本；□ 选件。

工位号		工序十七	工位名称	装排气管、氧传感器、排气管罩
要素序号		3	要素名称	取排气歧管总成

图1

重要度	序号	主要步骤	要点	原因
	1	取排气歧管总成1件	检查排气歧管无裂痕、无残损	（1）防止装错零件； （2）确保零件质量

安全(质量)事故记录	日期	说　　明

注：✚安全；▽关键；◇重要；PP 推拉；TG 工具；LT 看；FL 听；○基本；□选件。

工位号		工序十七	工位名称	装排气管、氧传感器、排气管罩
要素序号		4	要素名称	装排气歧管总成

图1　　　　　　　　图2　　　　　　　　图3

重要度	序号	主要步骤	要点	原因
	1	将排气歧管总成套入排气侧双头螺柱(图1)		
	2	取带肩螺母M8（8件）预装到双头螺柱上（图2和图3）	分别拧入2~3牙	防止螺母滑牙

安全(质量)事故记录	日期	说　　明

注：✚安全；▽关键；◇重要；PP 推拉；TG 工具；LT 看；FL 听；○基本；□选件。

工位号		工序十七	工位名称	装排气管、氧传感器、排气管罩
要素序号		5	要素名称	拧紧排气歧管总成螺母并检查

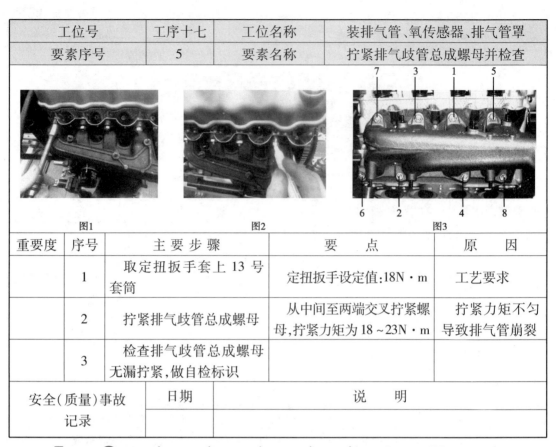

图1　　　　　图2　　　　　图3

重要度	序号	主要步骤	要　点	原　因
	1	取定扭扳手套上13号套筒	定扭扳手设定值:18N·m	工艺要求
	2	拧紧排气歧管总成螺母	从中间至两端交叉拧紧螺母,拧紧力矩为18~23N·m	拧紧力矩不匀导致排气管崩裂
	3	检查排气歧管总成螺母无漏拧紧,做自检标识		

安全(质量)事故记录	日期	说　明

注:✚安全;▽关键;◇重要;ⓅⓅ推拉;ⓉⒼ工具;ⓁⓉ看;ⒻⓁ听;○基本;□选件。

工位号		工序十七	工位名称	装排气管、氧传感器、排气管罩
要素序号		6	要素名称	预装前氧传感器并检查

图1　　　　　图2

重要度	序号	主要步骤	要　点	原　因
	1	取前氧传感器1件并检查(图1)	检查氧传感器外观完好	防止装错零件
	2	将氧传感器装在排气歧管安装孔内并用手预紧(图2)	传感器螺牙完全进入安装孔内	

安全(质量)事故记录	日期	说　明

注:✚安全;▽关键;◇重要;ⓅⓅ推拉;ⓉⒼ工具;ⓁⓉ看;ⒻⓁ听;○基本;□选件。

工位号	工序十七	工位名称	装排气管、氧传感器、排气管罩
要素序号	7	要素名称	拧紧氧传感器并检查

图1 开口扳手

图2 开口扭力扳手

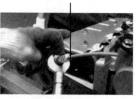
图3 用扭力扳手拧紧氧传感器

重要度	序号	主要步骤	要点	原因
	1	取开口扳手1把(图1)		
	2	用开口扳手预紧氧传感器		
	3	取开口扭力扳手1把(图2)		
	4	用开口扭力扳手拧紧氧传感器(图3)	(1)开口扭力扳手力矩设置为:39N·m；(2)拧紧力矩:38~50N·m	工艺要求
安全(质量)事故记录		日期	说　明	

注：✚安全；▽关键；◇重要；PP推拉；TG工具；LT看；FL听；○基本；□选件。

工位号	工序十七	工位名称	装排气管、氧传感器、排气管罩
要素序号	8	要素名称	拧紧氧传感器并检查

图1

重要度	序号	主要步骤	要点	原因
	1	将氧传感器线束夹在凸轮轴位置传感器座的长支承片上	要求氧传感器线束与汽缸盖无干涉	方便下道工序
安全(质量)事故记录		日期	说　明	

注：✚安全；▽关键；◇重要；PP推拉；TG工具；LT看；FL听；○基本；□选件。

工位号	工序十七	工位名称	装排气管、氧传感器、排气管罩
要素序号	9	要素名称	取上下隔热板并检查

图1

图2

重要度	序号	主要步骤	要点	原因
LT	1	取排气歧管上下隔热罩各一件,并检查完好、无生锈和变形		防止装错零件

安全(质量)事故记录	日期	说明

注:✚ 安全;▽ 关键;◇ 重要;PP 推拉;TG 工具;LT 看;FL 听;○ 基本;□ 选件。

工位号	工序十七	工位名称	装排气管、氧传感器、排气管罩
要素序号	10	要素名称	预装排气歧管上下隔热罩

排气歧管下隔热罩　　　　　　　　　　　　　　　　　排气歧管上隔热罩

图1　　　　　　　图2　　　　　　　图3

重要度	序号	主要步骤	要点	原因
	1	取排气歧管下隔热罩1件,套入排气管M6螺母(图2),并预紧3个M6法兰螺母2~3牙(图1)		工艺要求
	2	取排气歧管上隔热罩1件,套入排气管M6螺母(图2),并预紧3个M6法兰螺母2~3牙(图3)		工艺要求

安全(质量)事故记录	日期	说明

注:✚ 安全;▽ 关键;◇ 重要;PP 推拉;TG 工具;LT 看;FL 听;○ 基本;□ 选件。

工位号	工序十七	工位名称	装排气管、氧传感器、排气管罩
要素序号	11	要素名称	装带肩螺栓并检查

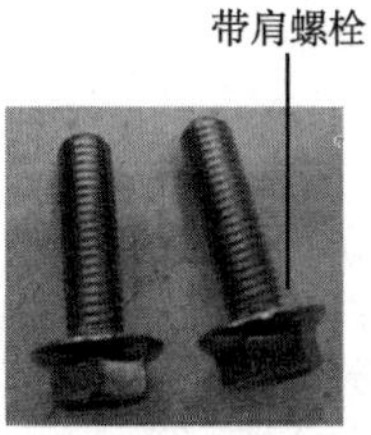

图1 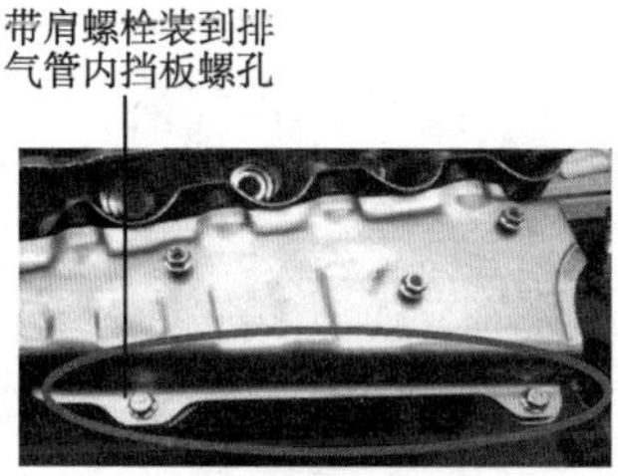　　图2

重要度	序号	主要步骤	要　点	原　因
	1	取带肩螺栓2个	带肩螺栓 M6×10	防止装错零件
	2	将带肩螺栓穿过排气歧管罩底盘装到排气管内挡板螺孔上	螺栓拧入2~3牙	工艺要求

安全(质量)事故记录	日期	说　明

注：✚安全；▽关键；◇重要；ⓅⓅ推拉；ⓉⒼ工具；ⓁⓉ看；ⒻⓁ听；○基本；□选件。

工位号	工序十七	工位名称	装排气管、氧传感器、排气管罩
要素序号	12	要素名称	拧紧所有预装螺母、螺栓并检查

用定扭风枪拧紧螺栓和螺母

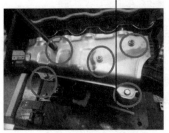
图1

图2

重要度	序号	主要步骤	要　　点	原　　因
	1	取带有10号套筒的定扭风枪1把	力矩设定值:8N·m	工艺要求
	2	用定扭扳手拧紧排气歧管上隔热板螺母3个(图1)	(1)螺母平贴装配面; (2)螺母拧紧力矩:7~10N·m	工艺要求
	3	用定扭扳手拧紧排气歧管罩带肩螺栓2个(图1)	(1)螺栓平贴装配面; (2)螺栓拧紧力矩:7~10N·m	工艺要求
⒧	4	用定扭扳手拧紧排气歧管下隔热板螺母3个(图2)	(1)螺母平贴装配面; (2)螺母拧紧力矩:7~10N·m	工艺要求

安全(质量)事故记录	日期	说　　明

注: ✚ 安全; ▽ 关键; ◇ 重要; ㏙ 推拉; ㏕ 工具; ⒧ 看; ㏑ 听; ○ 基本; □ 选件。

排气管、氧传感器、排气管罩拆卸工艺及注意事项

（1）用定扭扳手及10号套筒拧松排气管罩螺栓、螺母，取出排气管上下隔热罩及螺栓、螺母，放于物料盆中。

（2）用开口扳手拆卸氧传感器，放于物料盆中。

（3）用定扭扳手及13号套筒拧松排气管螺母，取出排气管及螺母、排气管垫，放于物料盆中。

（4）用定扭扳手及M8丝达母拧松排气管双头螺柱，取出排气管双头螺柱（2件），放于物料盆中。

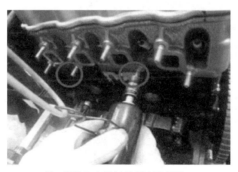

注：拧紧2个进气歧管双头螺柱。

注意事项：

（1）拆卸过程中，注意不能刮伤、刮花各零部件。

（2）所有的零部件放置物料盆后一定要做好标识（特别是螺栓规格），防止后续组装不会错装。

（3）拆卸过程中，若发现不符合装配时的要求，需记录问题并反馈，以提醒或纠正后续组装作业符合装配要求。

18. 装发电机、水泵皮带轮作业指导书

工位号	工序十八	工位名称	装发电机、水泵皮带轮
要素序号	1	要素名称	取零件和工具

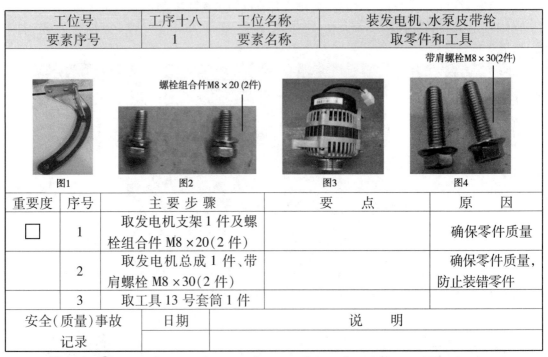

图1　　图2　　图3　　图4

重要度	序号	主 要 步 骤	要　　点	原　　因
☐	1	取发电机支架1件及螺栓组合件 M8×20(2件)		确保零件质量
	2	取发电机总成1件、带肩螺栓 M8×30(2件)		确保零件质量，防止装错零件
	3	取工具13号套筒1件		

安全(质量)事故记录	日期	说　　　明

注：✚ 安全；▽ 关键；◇ 重要；PP 推拉；TG 工具；LT 看；FL 听；○ 基本；☐ 选件。

工位号	工序十八	工位名称	装发电机、水泵皮带轮
要素序号	2	要素名称	装发电机支架并检查

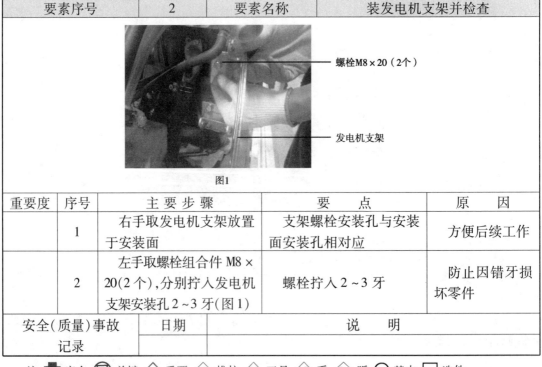

图1

重要度	序号	主 要 步 骤	要　　点	原　　因
	1	右手取发电机支架放置于安装面	支架螺栓安装孔与安装面安装孔相对应	方便后续工作
	2	左手取螺栓组合件 M8×20(2个)，分别拧入发电机支架安装孔2~3牙(图1)	螺栓拧入2~3牙	防止因错牙损坏零件

安全(质量)事故记录	日期	说　　　明

注：✚ 安全；▽ 关键；◇ 重要；PP 推拉；TG 工具；LT 看；FL 听；○ 基本；☐ 选件。

工位号	工序十八	工位名称	装发电机、水泵皮带轮
要素序号	3	要素名称	拧紧发电机支架螺栓并检查

图1

重要度	序号	主要步骤	要 点	原 因
◇	1	取气动定扭扳手套上13号长杆套筒	(1)定扭扳手设定值：19N·m； (2)工作气压值（静态）：0.5~0.7MPa	确保力矩
	2	用定扭扳手按图1所示顺序拧紧压缩机托架螺栓	(1)螺栓和垫圈要平贴安装面； (2)力矩范围：18~30N·m	防止螺栓错牙安装不到位
	3	检查支架螺栓无漏拧紧并做自检标识	防止漏拧紧	

安全(质量)事故记录	日期	说　　明

注：✚ 安全；▽ 关键；◇ 重要；PP 推拉；TG 工具；LT 看；FL 听；○ 基本；☐ 选件。

工位号		工序十八	工位名称	装发电机、水泵皮带轮
要素序号		4	要素名称	装发电机总成并检查

图1

重要度	序号	主 要 步 骤	要　　点	原　　因
	1	左手取发电机总成并扶持放置于压缩机托架安装面	发电机总成安装孔与压缩机托架安装孔对正	确保装配位置正确
	2	右手取带肩螺栓M8×30(2件),并将1件螺栓拧入托架前端面安装孔2~3牙(图1)	螺栓拧入2~3牙	防止因错牙损坏零件
	3	换右手扶持发电机总成,同时左手将另1件螺栓M8×30拧入托架后端面安装孔2~3牙(图1)	螺栓拧入2~3牙	防止因错牙损坏零件

安全(质量)事故记录	日期	说　　明

注: 安全; 关键; 重要; PP 推拉; TG 工具; LT 看; FL 听; 基本; 选件。

工位号		工序十八	工位名称	装发电机、水泵皮带轮	
要素序号		5	要素名称	预装水泵皮带轮	

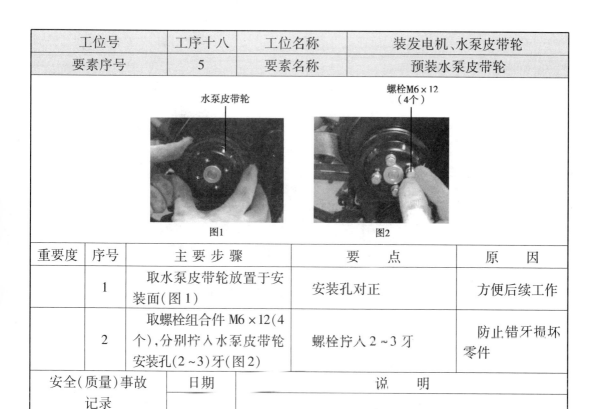

重要度	序号	主 要 步 骤	要 点	原 因
	1	取水泵皮带轮放置于安装面(图1)	安装孔对正	方便后续工作
	2	取螺栓组合件 M6×12(4个),分别拧入水泵皮带轮安装孔(2~3)牙(图2)	螺栓拧入 2~3 牙	防止错牙损坏零件
安全(质量)事故记录		日期	说 明		

注:✚安全;▽关键;◇重要;(PP)推拉;(TG)工具;(LT)看;(FL)听;○基本;□选件。

工位号		工序十八	工位名称	装发电机、水泵皮带轮	
要素序号		6	要素名称	装风扇皮带并检查	

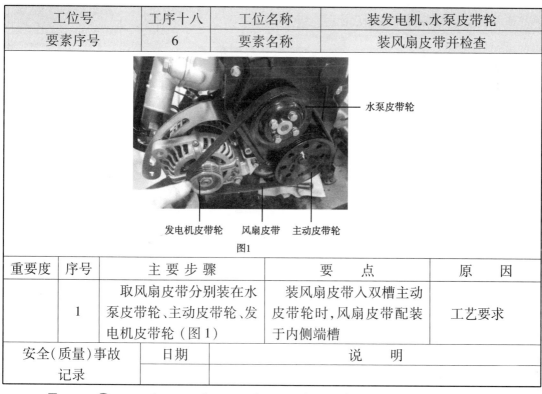

图1

重要度	序号	主 要 步 骤	要 点	原 因
	1	取风扇皮带分别装在水泵皮带轮、主动皮带轮、发电机皮带轮(图1)	装风扇皮带入双槽主动皮带轮时,风扇皮带配装于内侧端槽	工艺要求
安全(质量)事故记录		日期	说 明		

注:✚安全;▽关键;◇重要;(PP)推拉;(TG)工具;(LT)看;(FL)听;○基本;□选件。

工位号		工序十八	工位名称	装发电机、水泵皮带轮
要素序号		7	要素名称	拧紧水泵皮带轮螺栓并检查

水泵皮带轮螺栓4个

图1 　　　　　　　　图2

重要度	序号	主要步骤	要点	原因
LT	1	取气动定扭扳手和10号套筒(图1)	(1)气动定扭扳手设定值:10N·m; (2)工作气压值(静态):0.5~0.7MPa	确保力矩符合质量要求
	2	用定扭扳手拧紧水泵皮带轮螺栓4个(图1)	(1)螺栓和垫圈要平贴安装面; (2)力矩范围:9~12 N·m; (3)对角拧紧	防止水泵皮带轮松,不影响皮带的正常工作
	3	检查水泵皮带轮螺栓无漏拧紧,并做自检标识(图2)		

安全(质量)事故记录	日期	说　明

注:✚安全;▽关键;◇重要;PP推拉;TG工具;LT看;FL听;○基本;□选件。

工位号	工序十八	工位名称	装发电机、水泵皮带轮
要素序号	8	要素名称	调节风扇皮带张紧度

左手拿定扭风枪拧紧螺栓　　右手拿螺丝刀使风扇皮带张紧

图1

重要度	序号	主要步骤	要　　点	原　　因
LT	1	取气动定扭扳手套上13号套筒	（1）气动定扭扳手设定值：19N·m； （2）工作气压值（静态）：0.5~0.7MPa	确保力矩达到质量要求
	2	左手拿气动定扭扳手将13号套筒放在螺栓（支架与发电机）上		
	3	右手拿螺丝刀插在托架与发电机之间,调整风扇皮带张紧度		
	4	拧紧发电机支架螺栓	（1）螺栓和垫圈要平贴安装面； （2）力矩范围：18~23N·m	

安全（质量）事故记录	日期	说　　明

注：安全；关键；重要；推拉；工具；看；听；基本；选件。

工位号	工序十八	工位名称	装发电机、水泵皮带轮
要素序号	9	要素名称	拧紧发电机总成与托架的螺栓并检查

拧紧前端螺栓

图1

拧紧后端螺栓；回水橡胶软管Ⅰ

拧紧螺栓时套筒尽量靠近曲轴箱，保证套筒与回水橡胶软管Ⅰ无干涉

图2

取下套筒时保证套筒与回水橡胶软管Ⅰ无干涉

图3

重要度	序号	主要步骤	要　点	原因
⟨LT⟩	1	取气动定扭扳手和12号长套筒	(1)气动定扭扳手设定值:19N·m； (2)工作气压值(静态):0.5~0.7MPa	工艺要求
	2	拧紧前端发电机总成与托架连接的带肩螺栓M8×30(图1)	(1)螺栓要平贴安装面； (2)拧紧时套筒尽量减少与皮带干涉,确保皮带无损伤； (3)力矩范围:18~23N·m	工艺要求
	3	右手托套筒对正螺栓头,左手用定扭扳手拧紧后端发电机总成与托架连接的带肩螺栓M8×30(图2)	(1)螺栓要平贴安装面； (2)拧紧螺栓时套筒尽量靠近曲轴箱,保证套筒与回水橡胶软管Ⅰ无干涉； (3)力矩范围:18~23N·m	工艺要求
	4	从发动机前端取下12号长套筒(图3)	取下套筒时保证套筒与回水橡胶软管Ⅰ无干涉	防损伤胶管
安全(质量)事故记录		日期	说　明	

注：✚安全；▽关键；◇重要；⟨PP⟩推拉；⟨TG⟩工具；⟨LT⟩看；⟨FL⟩听；○基本；□选件。

工位号	工序十八	工位名称	装发电机、水泵皮带轮
要素序号	10	要素名称	检查风扇皮带张紧度

重要度	序号	主要步骤	要　点	原因
	1	用手感检查风扇皮带张紧度		
安全(质量)事故记录		日期	说　明	

注：✚安全；▽关键；◇重要；⟨PP⟩推拉；⟨TG⟩工具；⟨LT⟩看；⟨FL⟩听；○基本；□选件。

发电机、水泵皮带轮拆卸工艺及注意事项

（1）用定扭扳手及 12、13 号套筒拧松发电机所有螺栓，取出发电机、皮带及螺栓，放于物料盆中。

拧松后端螺栓M8×30

拧松前端螺栓M8×30

定扭扳手拧松螺栓

（2）用定扭扳手及 10 号套筒拧松水泵皮带轮螺栓，取出水泵皮带轮及螺栓，放于物料盆中。

螺栓组合件 M8×20(2件)

带肩螺栓 M8×30(2件)

（3）用定扭扳手及 13 号套筒拧松发电机支架螺栓，取出发电机支架及螺栓，放于物料盆中。

注意事项：

（1）拆卸过程中，注意不能刮伤、刮花各零部件。

（2）在拧松过程中，保证套筒与回水橡胶软管Ⅰ无干涉。

（3）所有的零部件放置物料盆后一定要做好标识（特别是螺栓规格），防止后续组装不会错装。

（4）拆卸过程中，若发现不符合装配时的要求，需记录问题并反馈，以提醒或纠正后续组装作业符合装配要求。

19. 装离合器、高压线作业指导书

工位号	工序十九	工位名称	装离合器、高压线
要素序号	1	要素名称	取零件和工具

图1 　　　　　　图2

图3 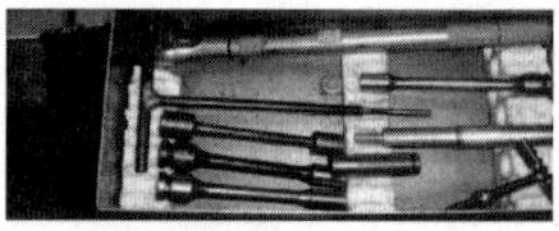　　　　图4 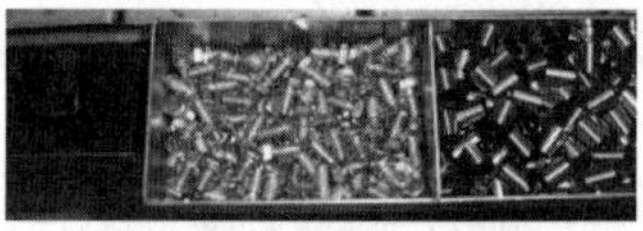　　　　图5

重要度	序号	主要步骤	要点	原因
☐	1	取离合器总成1套至流水线安装工位（图1~图4）	（1）要求离合器总成与所装配发动机状态一致；（2）离合器从动盘和离合器盖为同一供应商	防止装错零件
	2	取压盘定位螺栓M8×20(2件)(带垫圈8)、螺栓组合件、13号长杆套筒、扭力扳手、飞轮止动器、压盘定位工具于零件盒(图5)	螺栓组合件：M8×16(4件)	防止装错零件

安全(质量)事故记录	日期	说　明

注：✚ 安全；▽ 关键；◇ 重要；PP 推拉；TG 工具；LT 看；FL 听；○ 基本；☐ 选件。

工位号	工序十九	工位名称	装离合器、高压线
要素序号	2	要素名称	安装离合器从动盘并检查

图1　　　　　图2　　　　　图3

压盘定位工具

重要度	序号	主 要 步 骤	要 点	原 因
⟨LT⟩	1	左手取离合器从动盘1件并检查外观完好(图1)		
	2	右手取压盘定位工具的定位端穿入从动盘的花键孔中(图2)	(1)要求离合器从动盘接合面无油污等缺陷； (2)定位工具应从从动盘凸出花键孔轴套端穿入花键孔中	确保装配质量
	3	将定位工具的定位端装入飞轮轴承孔		
	4	平推离合器从动盘,安装到位(图3)	(1)要求离合器从动盘接合面平贴于飞轮端接合面(图3)； (2)从动盘总成装配面不能放反	防止装反

安全(质量)事故记录	日期	说　　明

注：✚安全；▽关键；◇重要；PP推拉；TG工具；LT看；FL听；○基本；□选件。

工位号		工序十九	工位名称	装离合器、高压线
要素序号		3	要素名称	安装离合器盖并检查

注意：两定位螺孔的上部分为光洁的定位面

注意：定位孔旁边有φ4标志孔

图1

图2

重要度	序号	主要步骤	要点	原因
	1	左手取离合器从动盘1件并检查外观完好（图1）		
LT	2	双手平推离合器盖安装到位(图1)	（1）离合器盖定位孔与飞轮定位螺孔对正；（2）离合器盖的端面与飞轮安装端面平齐	防止装不对位置
	3	取13号长杆套筒预紧定位螺栓2件，用自动快速工具拧入定位螺孔4～6牙(图2)	拧入定位螺孔4～6牙	防止因错牙损坏零件
安全(质量)事故记录		日期	说明	

注：✚ 安全；▽ 关键；◇ 重要；PP 推拉；TG 工具；LT 看；FL 听；○ 基本；□ 选件。

工位号		工序十九	工位名称	装离合器、高压线
要素序号		4	要素名称	预装螺栓并检查

图1

重要度	序号	主要步骤	要点	原因
	1	分别取4件M8×16螺栓组合件装入对应螺纹孔，用自动快速工具拧入定位螺孔4~6牙		避免受力不匀
安全(质量)事故记录		日期	说明	

注：✚ 安全；▽ 关键；◇ 重要；PP 推拉；TG 工具；LT 看；FL 听；○ 基本；□ 选件。

工位号	工序十九	工位名称	装离合器、高压线
要素序号	5	要素名称	预紧螺栓并检查

图1

重要度	序号	主要步骤	要　　点	原　　因
◇	1	取气动定扭扳手1把	(1)气动定扭扳手设定值:26N·m; (2)工作气压值(静态):0.5~0.7MPa	保证装配力矩
	2	把13号长杆套筒装于气动定扭扳手		
	3	用气动定扭扳手预紧6个螺栓	(1)螺栓力矩范围:25~29N·m; (2)拧紧顺序:对称交错拧紧	保证装配力矩

安全(质量)事故记录	日期	说　　明

注:✚安全;▽关键;◇重要;PP推拉;TG工具;LT看;FL听;○基本;□选件。

工位号		工序十九	工位名称	装离合器、高压线
要素序号		6	要素名称	拧紧离合器螺栓并检查

图1　　　　　　　　　　　图2

重要度	序号	主要步骤	要点	原因
◇	1	拉下定扭扳手,拧紧6个螺栓(图1)	(1)螺栓力矩范围:25~29N·m; (2)拧紧顺序:对称交错拧紧(图1); (3)在拧紧螺栓过程中,确认定扭扳手一直为绿灯,则力矩合格;如出现红灯,则力矩不合格	
	2	检查确认从动盘花键朝外,并做自检标识(图2)	防止从动盘装反	
安全(质量)事故记录		日期	说　明	

注:✚安全;▽关键;◇重要;㏚推拉;TG工具;LT看;FL听;○基本;□选件。

工位号		工序十九	工位名称	装离合器、高压线
要素序号		7	要素名称	取高压线

图1

重要度	序号	主要步骤	要点	原因
□	1	取高压点火线总成1套(4根/套)并检查	检查外观无破损	防止装错零件
安全(质量)事故记录		日期	说　明	

注:✚安全;▽关键;◇重要;㏚推拉;TG工具;LT看;FL听;○基本;□选件。

工位号	工序十九	工位名称	装离合器、高压线
要素序号	8	要素名称	把点火高压线装入火花塞并检查

点火高压线装入火花塞

图1

重要度	序号	主要步骤	要 点	原 因
LT	1	把高压点火线装入火花塞1台4根	装配到位，防止接触不良，发动机无法起动	高压线松或脱影响正常点火
安全(质量)事故记录		日期	说 明	

注：安全；关键；◇重要；PP 推拉；TG 工具；LT 看；FL 听；○基本；□选件。

工位号	工序十九	工位名称	装离合器、高压线
要素序号	9	要素名称	夹装高压点火线入软线夹并检查

高压点火线压入软线夹时要对准白点标识

图1

重要度	序号	主要步骤	要 点	原 因
LT	1	将高压点火线依次压入软线夹	（1）夹装长度要求：从线卡端到点火线圈端的距离，1缸为155mm；2缸为220mm；3缸为215mm；4缸为145mm。 （2）高压点火线压入软线夹时要对准白点标识	防止装错高压线
安全(质量)事故记录		日期	说 明	

注：安全；关键；◇重要；PP 推拉；TG 工具；LT 看；FL 听；○基本；□选件。

离合器、高压线拆卸工艺及注意事项

(1)用定扭扳手拧松离合器螺栓6件,取出离合器螺栓6件、离合器盖、离合器从动盘,放于物料盆中。

螺栓组合件 M8×16（4件）

压盘定位螺栓 M8×20（带垫圈8）2件

(2)拔出高压线,放于物料盆中。

注意事项：

(1)拆卸过程中,注意不能刮伤、刮花各零部件。

(2)注意离合器盖定位螺栓(2件)与离合器盖螺栓组合件(4件)不能混放。

(3)所有的零部件放置物料盆后一定要做好标识(特别是螺栓规格),防止后续组装不会错装。

(4)拆卸过程中,若发现不符合装配时的要求,需记录问题并反馈,以提醒或纠正后续组装作业符合装配要求。

20. 装进气管支架、节流阀体、回水橡胶管、外观检查、发动机下线作业指导书

工位号	工序二十	工位名称	装进气管支架、节流阀体、回水橡胶管、外观检查、发动机下线
要素序号	1	要素名称	取进气管支架及螺栓

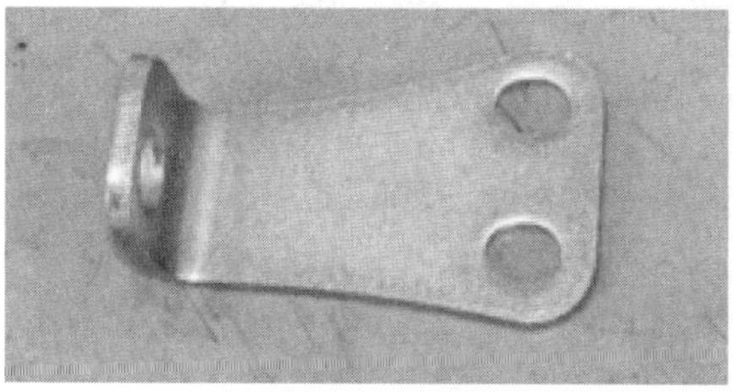

螺栓M8×16

图1 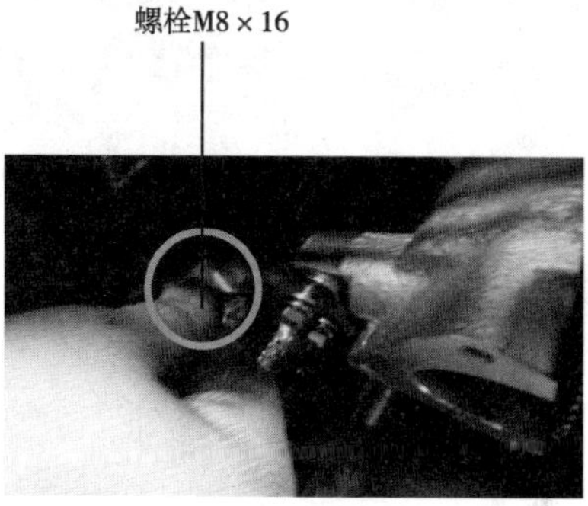　　　　　图2

重要度	序号	主要步骤	要点	原因
	1	取进气歧管支架1件（图1）	要求无变形,无残损	防止装错零件
	2	取六角头螺栓和弹簧垫圈组合件M8×16(1件)		工艺要求
	3	将螺栓穿过进气歧管支架安装孔装在进气歧管上（图2）	螺栓拧入2~3牙	工艺要求

安全(质量)事故记录	日期	说　明

注：✚ 安全；▽ 关键；◇ 重要；PP 推拉；TG 工具；LT 看；FL 听；○ 基本；□ 选件。

工位号		工序二十	工位名称	装进气管支架、节流阀体、回水橡胶管、外观检查、发动机下线
要素序号		2	要素名称	拧紧进气歧管支架并检查

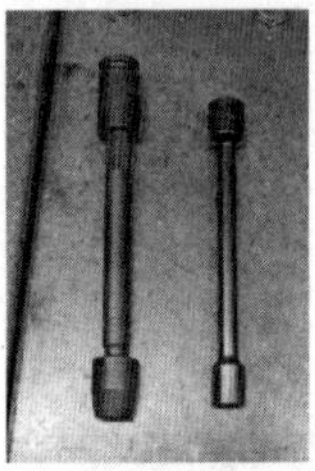

螺栓M8×16　螺栓M6×20

图1 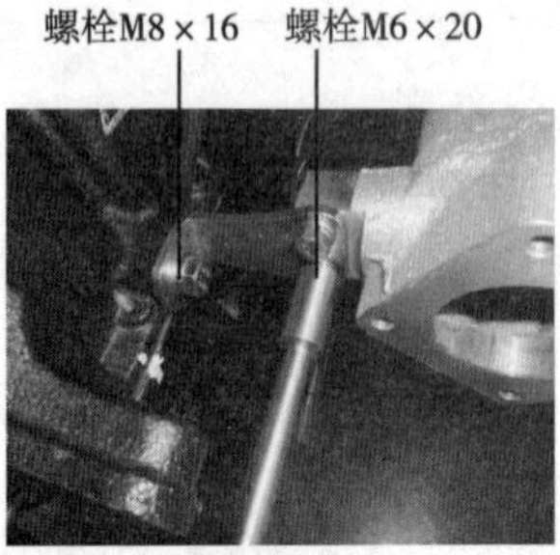　　　　　图2 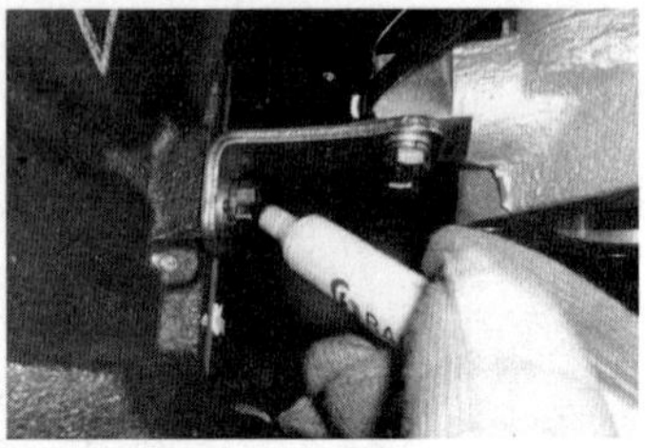　　　　　图3

重要度	序号	主要步骤	要点	原因
	1	取10号套筒套上气动定扭扳手		
	2	拧紧进气歧管支架螺栓M6×20（2件）并检查（图1）	要求螺栓面平贴安装面	确保装配质量
	3	取13号套筒（万向）套上气动定扭扳手		
	4	拧紧进气歧管支架螺栓M8×16并检查（图2）	要求螺栓面平贴安装面	确保装配质量
	5	检查进气歧管支架螺栓无漏拧紧并做自检标识（图3）	自检标识贯穿支架和螺栓	

安全(质量)事故记录	日期	说　明

注：✚安全；▽关键；◇重要；PP推拉；TG工具；LT看；FL听；○基本；□选件。

工位号	工序二十	工位名称	装进气管支架、节流阀体、回水橡胶管、外观检查、发动机下线
要素序号	3	要素名称	取节流阀体、垫片及螺栓

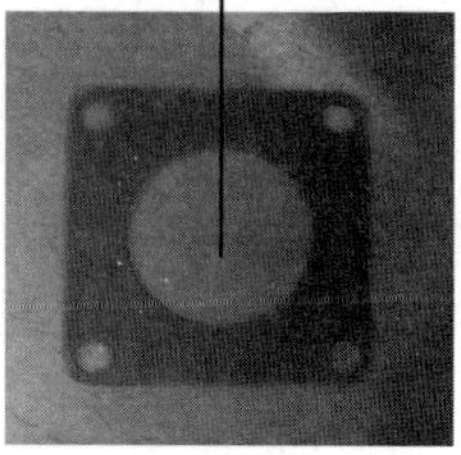

图1　节流阀体密封垫

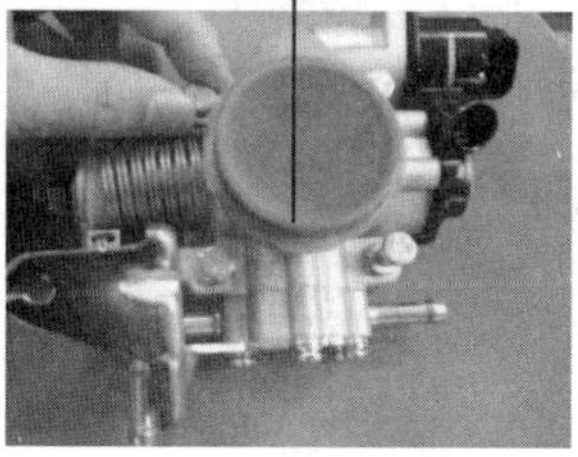

图2　节流阀体总成

重要度	序号	主要步骤	要点	原因
	1	取节流阀体总成1件		工艺要求
	2	取螺栓M6×40(4件)	图号:Q1460640 带弹簧垫片、平垫	工艺要求
	3	取节流阀体密封垫1件		工艺要求
	4	取定扭扳手套上10号套筒	定扭扳手设定值:10N·m	工艺要求

安全(质量)事故记录	日期	说明

注:✚安全;▽关键;◇重要;PP推拉;TG工具;LT看;FL听;○基本;□选件。

工位号		工序二十	工位名称	装进气管支架、节流阀体、回水橡胶管、外观检查、发动机下线
要素序号		4	要素名称	预紧节流阀体总成

图1　　　　　　　　图2

重要度	序号	主要步骤	要　点	原　因
	1	将螺栓穿过节流阀体总成,穿过节流阀体密封垫,装在进气歧管进气口安装孔上,用10号套筒预紧螺栓(图2)	螺栓拧入2~3牙	工艺要求
安全(质量)事故记录		日期	说　明	

注:✚安全;▽关键;◇重要;PP推拉;TG工具;LT看;FL听;○基本;□选件。

工位号		工序二十	工位名称	装进气管支架、节流阀体、回水橡胶管、外观检查、发动机下线
要素序号		5	要素名称	拧紧节流阀体总成

图1

重要度	序号	主要步骤	要　点	原　因
	1	取定扭扳手套上10号套筒		
	2	拧紧螺栓 M6×40	(1)交叉对角拧紧螺栓; (2)力矩范围:9~12N·m; (3)弹簧垫片平贴装配面	工艺要求
安全(质量)事故记录		日期	说　明	

注:✚安全;▽关键;◇重要;PP推拉;TG工具;LT看;FL听;○基本;□选件。

工位号		工序二十	工位名称	装进气管支架、节流阀体、回水橡胶管、外观检查、发动机下线	
要素序号		6	要素名称	装回水橡胶管	
重要度	序号	主要步骤	要　点		原　因
	1	将回水橡胶管插入节流阀体,并加好管夹			
安全(质量)事故记录		日期	说　明		

注:✚安全;▽关键;◇重要;ⓅⓅ推拉;ⓉⒼ工具;ⓁⓉ看;ⒻⓁ听;○基本;□选件。

工位号		工序二十	工位名称	装进气管支架、节流阀体、回水橡胶管、外观检查、发动机下线	
要素序号		7	要素名称	发动机外观检查	
重要度	序号	主要步骤	要　点		原　因
	1	检查发动机整机外观	外观无缺陷		
安全(质量)事故记录		日期	说　明		

注:✚安全;▽关键;◇重要;ⓅⓅ推拉;ⓉⒼ工具;ⓁⓉ看;ⒻⓁ听;○基本;□选件。

工位号		工序二十	工位名称	装进气管支架、节流阀体、回水橡胶管、外观检查、发动机下线	
要素序号		8	要素名称	发动机下线	
重要度	序号	主要步骤	要　点		原　因
	1	检查外观合格后,吊装发动机下线	吊装过程中确保安全		
安全(质量)事故记录		日期	说　明		

注:✚安全;▽关键;◇重要;ⓅⓅ推拉;ⓉⒼ工具;ⓁⓉ看;ⒻⓁ听;○基本;□选件。

进气管支架、节流阀体、回水橡胶管拆卸工艺及注意事项

(1) 用管夹钳夹送管夹,拔出回收橡胶管,用定扭扳手拧松节流阀体螺栓,取出节流阀体、螺栓及垫片,放于物料盆中。

  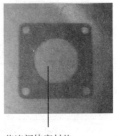

节流阀体总成　　节流阀体密封垫

(2) 用定扭扳手拧松进气管支架螺栓 M8×16,取出螺栓 M8×16,放于物料盆中。

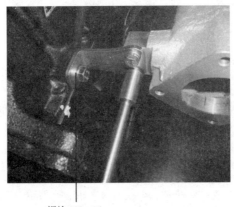

螺栓 M8×16

注意事项:

(1) 拆卸过程中,注意不能刮伤、刮花各零部件。

(2) 所有的零部件放置物料盆后一定要做好标识(特别是螺栓规格),防止后续组装不会错装。

(3) 拆卸过程中,若发现不符合装配时的要求,需记录问题并反馈,以提醒或纠正后续组装作业符合装配要求。

21. 缸盖分装工位作业指导书

工位号	工序二十一	工位名称	缸盖分装
要素序号	1	要素名称	取缸盖、进气门、排气门

图1

图2

重要度	序号	主要步骤	要　点	原　因
ⓛT	1	取汽缸盖组件1件,缸盖底面朝上(图1)		
	2	分别取进气门4件、排气门4件(图2)	进气门端面外圆较排气门大	防止装错零件

安全(质量)事故记录	日期	说　明

注:✚ 安全;▽ 关键;◇ 重要;㏘ 推拉;TG 工具;ⓛT 看;FL 听;○ 基本;□ 选件。

工位号	工序二十一	工位名称	缸盖分装
要素序号	2	要素名称	装进、排气门并检查

图1　　　　　　　　　图2

重要度	序号	主 要 步 骤	要　点	原　因
	1	分别将4个进气门装到汽缸盖组件进气侧气门座上并检查(图1)	对应装配,装配到位	工艺要求
	2	分别将4个排气门装到汽缸盖组件排气侧气门座上并检查(图2)	对应装配,装配到位	工艺要求
安全(质量)事故记录	日期		说　明	

注:✚安全;▽关键;◇重要;PP推拉;TG工具;LT看;FL听;○基本;□选件。

工位号	工序二十一	工位名称	缸盖分装
要素序号	3	要素名称	气门试漏

重要度	序号	主 要 步 骤	要　点	原　因
▽	1	往每个燃烧室装煤油,静置5min	检测有无煤油渗漏	
安全(质量)事故记录	日期		说　明	

注:✚安全;▽关键;◇重要;PP推拉;TG工具;LT看;FL听;○基本;□选件。

工位号		工序二十一	工位名称		缸盖分装
要素序号		4	要素名称		装气门弹簧底座并检查

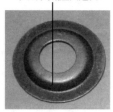
气门弹簧底座凸起面
图1

图2

重要度	序号	主要步骤	要 点	原 因
LT	1	取气门弹簧底座8件（图1）	看气门弹簧底座无变形	确保零件质量
	2	依次装气门弹簧底座8件套入气门导杆（图2）	（1）气门弹簧底座凸起面朝上装配； （2）气门弹簧底座平贴汽缸盖安装面	工艺要求
安全(质量)事故记录		日期		说 明	

注：安全；关键；重要；推拉；工具；看；听；基本；选件。

工位号		工序二十一	工位名称		缸盖分装
要素序号		5	要素名称		涂润滑油并检查

图1

重要度	序号	主要步骤	要 点	原 因
	1	取润滑油盆1个	SF 15W/40 润滑油	工艺要求
	2	毛刷1把		
	3	用毛刷在8个气门导管外则均匀涂润滑油		
安全(质量)事故记录		日期		说 明	

注：安全；关键；重要；推拉；工具；看；听；基本；选件。

211

工位号	工序二十一	工位名称	缸盖分装
要素序号	6	要素名称	预装气门油封总成并检查

图1 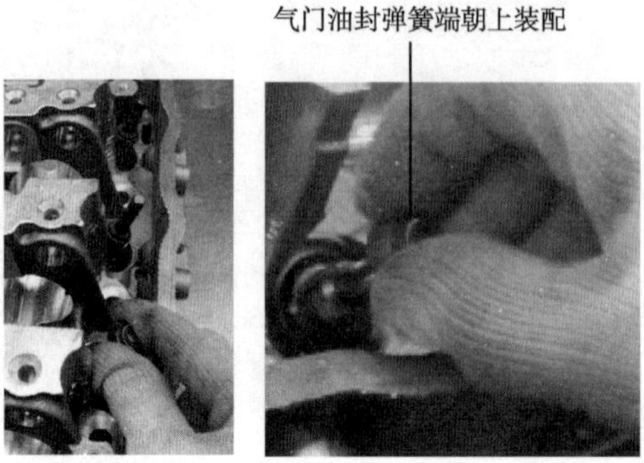　　　　　　　　　　　图2

气门油封弹簧端朝上装配

重要度	序号	主要步骤	要　　点	原　　因
	1	取气门油封总成8件（图1）	看油封弹簧无脱落	
	2	双手分别把8个气门油封总成套入8个气门导杆（图2）	（1）油封弹簧不得脱落；（2）气门油封弹簧端朝上装配	确保装配质量

安全(质量)事故记录	日期	说　　明

注：✚ 安全；▽ 关键；◇ 重要；PP 推拉；TG 工具；LT 看；FL 听；○ 基本；□ 选件。

工位号	工序二十一	工位名称	缸盖分装
要素序号	7	要素名称	把汽缸盖组件移至气门油封压装装置

汽缸盖组件定位孔对准工作台定位销

图1　　　　　　　　　图2

重要度	序号	主要步骤	要点	原因
	1	把汽缸盖组件移至气门油封压装装置工作台（图1）	（1）汽缸盖组件定位孔对准工作台定位销； （2）汽缸盖组件进气侧朝向工作者	工艺要求

安全(质量)事故记录	日期	说　明		

注：✚ 安全;▽ 关键;◇ 重要;(PP) 推拉;(TG) 工具;(LT) 看;(FL) 听;○ 基本;□ 选件。

工位号	工序二十一	工位名称	缸盖分装
要素序号	8	要素名称	压装气门油封并检查

图1

重要度	序号	主要步骤	要点	原因
✚	1	压装气门油封	压装到位	（1）防止夹伤手； （2）工艺要求
	2	取出汽缸盖组件	气门油封端面紧贴弹簧底座，油封表面无铲伤现象	工艺要求

安全(质量)事故记录	日期	说　明

注：✚ 安全;▽ 关键;◇ 重要;(PP) 推拉;(TG) 工具;(LT) 看;(FL) 听;○ 基本;□ 选件。

工位号	工序二十一	工位名称	缸盖分装
要素序号	9	要素名称	自检合格

图1

图2

油封压装到位,密封部位无损伤,油封弹簧无损伤或脱落

重要度	序号	主要步骤	要 点	原 因
	1	检查气门油封压装到位	（1）确认油封压装到位,气门油封端面紧贴弹簧底座,油封表面无铲伤现象; （2）油封弹簧无损伤或脱落	确保装配质量
	2	自检合格		
安全(质量)事故记录		日期	说　明	

注:✚ 安全;▽ 关键;◇ 重要;PP 推拉;TG 工具;LT 看;FL 听;○ 基本;□ 选件。

工位号	工序二十一	工位名称	缸盖分装
要素序号	10	要素名称	装气门弹簧

图1

图2

重要度	序号	主要步骤	要 点	原 因
	1	取气门弹簧8件(图1)	看气门弹簧无残损	防止装错零件
	2	分别把气门弹簧套入气门导杆(图2)	气门弹簧为锥形弹簧,螺旋半径小的一端(锥顶)(大螺距端)朝上	工艺要求
安全(质量)事故记录		日期	说　明	

注:✚ 安全;▽ 关键;◇ 重要;PP 推拉;TG 工具;LT 看;FL 听;○ 基本;□ 选件。

工位号	工序二十一	工位名称	缸盖分装
要素序号	11	要素名称	取锥形锁夹和气门弹簧座并检查

图1

重要度	序号	主要步骤	要　点	原　因
	1	取锥形锁夹摆放至工作台并检查		
	2	取气门弹簧座摆放至工作台并检查		
安全(质量)事故记录		日期	说　明	

注：✚安全；▽关键；◇重要；㏘推拉；TG工具；LT看；FL听；○基本；□选件。

工位号	工序二十一	工位名称	缸盖分装
要素序号	12	要素名称	装锥形锁夹至气门弹簧座并检查

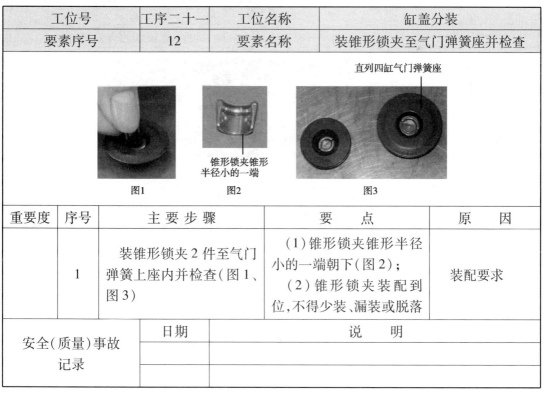

图1　图2　图3

重要度	序号	主要步骤	要　点	原　因
	1	装锥形锁夹2件至气门弹簧上座内并检查（图1、图3）	（1）锥形锁夹锥形半径小的一端朝下（图2）；（2）锥形锁夹装配到位，不得少装、漏装或脱落	装配要求
安全(质量)事故记录		日期	说　明	

注：✚安全；▽关键；◇重要；㏘推拉；TG工具；LT看；FL听；○基本；□选件。

工位号		工序二十一	工位名称	缸盖分装
要素序号		13	要素名称	装气门弹簧座至专用盆

图1

图2

重要度	序号	主 要 步 骤	要 点	原 因
	1	用手或用自制工具将装好锥形锁夹的气门弹簧座装入专用盆内（图1、图2）	要求锥形锁夹不得脱落	装配要求
安全(质量)事故记录		日期	说 明	

注：✚安全；▽关键；◇重要；ⓅⓅ推拉；ⓉⒼ工具；ⓁⓉ看；ⒻⓁ听；○基本；□选件。

工位号		工序二十一	工位名称	缸盖分装
要素序号		14	要素名称	装气门弹簧上座

图1

图2

重要度	序号	主 要 步 骤	要 点	原 因
	1	取装有气门锥形锁块的气门弹簧上座8件(图1)	看气门锁夹装配到位，无脱落	
	2	分别把气门弹簧上座装在气门弹簧上(图2)		
安全(质量)事故记录		日期	说 明	

注：✚安全；▽关键；◇重要；ⓅⓅ推拉；ⓉⒼ工具；ⓁⓉ看；ⒻⓁ听；○基本；□选件。

工位号	工序二十一	工位名称	缸盖分装
要素序号	15	要素名称	把汽缸盖组件移至气门锁夹压装装置

图1

图2

重要度	序号	主要步骤	要　点	原　因
	1	把汽缸盖组件移至气门锁夹压装装置工作台(图1)	(1)汽缸盖组件底面定位孔对准工作台定位销(图2); (2)排气侧朝工作者	工艺要求
安全(质量)事故记录		日期	说　明	

注：✚ 安全； ▽ 关键； ◇ 重要； ⒫ 推拉； ⓉⒼ 工具； ⒧Ⓣ 看； ⒡ⓁⓁ 听； ○ 基本； □ 选件。

工位号	工序二十一	工位名称	缸盖分装
要素序号	16	要素名称	压装气门锁夹及自检合格

图1

图2

重要度	序号	主要步骤	要　点	原　因
✚	1	压装气门锁夹	气门锥形锁块及气门弹簧座要压装到定位槽内	(1)防止伤手; (2)工艺要求
	2	移除汽缸盖组件	气门锥形锁块及气门弹簧座要压装到定位槽内	工艺要求
	3	取塑料锤轻敲气门弹簧座检查,气门锁夹无松脱	两片气门锥形锁块的上端面应平齐	确保气门弹簧座压装到位
	4	自检合格后送至总装线		
安全(质量)事故记录		日期	说　明	

注：✚ 安全； ▽ 关键； ◇ 重要； ⒫ 推拉； ⓉⒼ 工具； ⒧Ⓣ 看； ⒡ⓁⓁ 听； ○ 基本； □ 选件。

缸盖拆卸工艺及注意事项

（1）用缸盖返修台拆卸气门锁夹，取出气门锁夹、气门弹簧座、气门弹簧，并分别用各自的物料盆装好及做好标识。

气门锁夹　　气门弹簧座　　　　气门弹簧

（2）用油封拆卸工具（油封钳）将气门油封夹出，取出气门弹簧底座、进气门、排气门，并分别用各自的物料盆装好及做好标识。

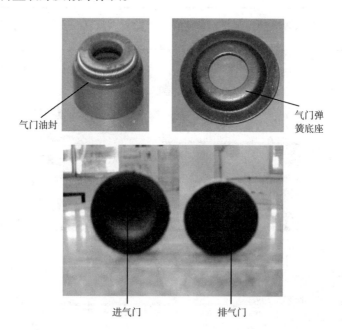

气门油封　　　　　　气门弹簧底座

进气门　　　　排气门

注意事项：

（1）拆卸过程中，注意不能刮伤、刮花各零部件。

（2）气门油封拆卸后，正常情况下是不能再重复使用，需装配新油封。

（3）所有零件拆卸后，用 S-105 型清洗剂将油污清洗干净。

（4）所有的零部件放置物料盆后一定要做好标识，防止后续组装不会错装。

（5）拆卸气门前，建议将气门进行编号标记，方便后续装机对应原有缸数复原（比如进1、排1等）。

（6）拆卸过程中，若发现不符合装配时的要求，需记录问题并反馈，以提醒或纠正后续组装作业符合装配要求。

22.活塞连杆分装工位作业指导书

工位号	工序二十二	工位名称	活塞连杆分装
要素序号	1	要素名称	取活塞4个

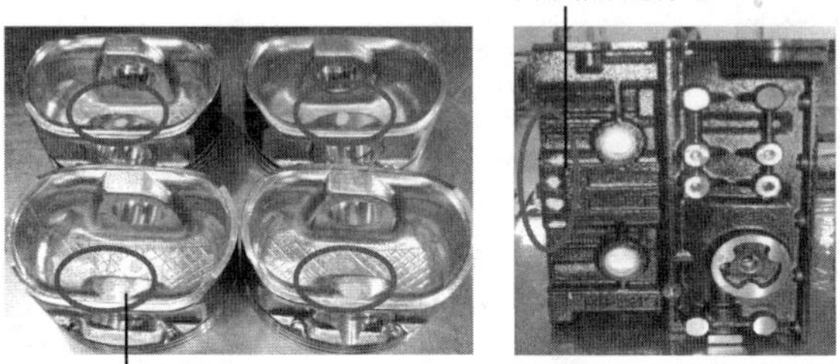

图1 活塞顶面颜色标记

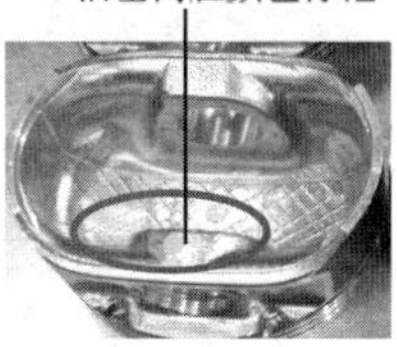

曲轴箱颜色标记

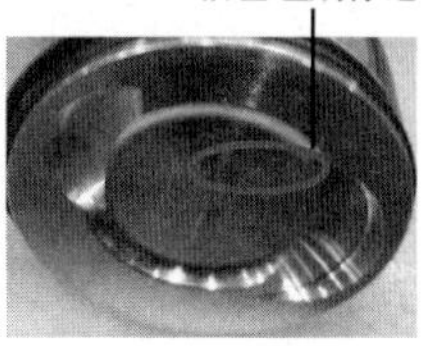

选配要求：4件活塞与4个缸孔的颜色标记相对应

图2 活塞内腔颜色标记

图3 活塞组别标记

重要度	序号	主要步骤	要点	原因
⟨LT⟩	1	看机体4个缸孔颜色（图1）	（1）缸孔颜色标记在曲轴箱排气侧顶面缸臂上； （2）直列四缸曲轴箱缸孔颜色有绿、黄、白3种组别标记	防止装错零件
◇	2	看装活塞料箱内活塞颜色标记（图2和图3）	（1）不同颜色标记的活塞应分开存放不同的料箱内； （2）活塞颜色标记标识在活塞顶面或内腔上； （3）活塞顶面质量分组标记共有5组：分别是A、B、C、D、G	防止上道工序混装零件
◇	3	按机体4个缸孔颜色取4件与缸孔颜色相对应的活塞，摆放于工作台上（图1）	（1）4件活塞同一质量组； （2）4件活塞与4个缸孔的颜色标记相对应	（1）混装活塞发动机异响，性能下降； （2）保证配缸间隙
安全（质量）事故记录		日期	说 明	

注：✚安全；▽关键；◇重要；⟨PP⟩推拉；⟨TG⟩工具；⟨LT⟩看；⟨FL⟩听；○基本；□选件。

工位号	工序二十二	工位名称	活塞连杆分装
要素序号	2	要素名称	检查连杆总成无错组（互检）

图1 连杆总成必须同一质量组

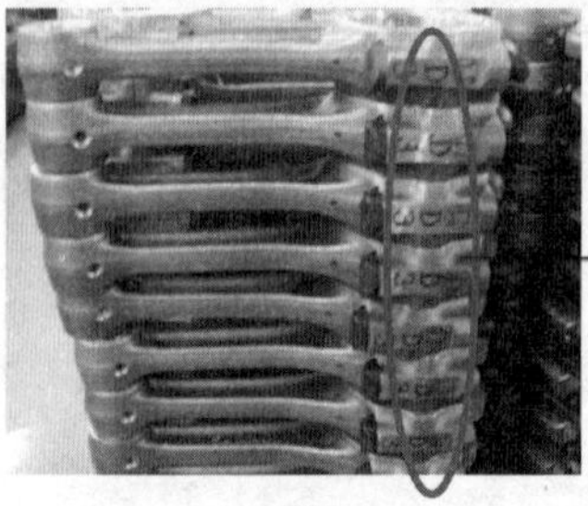

重要度	序号	主要步骤	要　　点	原　　因
	1	检查连杆总成无错组（互检）		

安全（质量）事故记录	日期	说　　明

注：✚ 安全；▽ 关键；◇ 重要；㏗ 推拉；TG 工具；LT 看；FL 听；○ 基本；□ 选件。

工位号	工序二十二	工位名称	活塞连杆分装
要素序号	2-1	要素名称	装活塞销

图1　　　　　　　图2　　　　　　　图3

装配合格的活塞连杆总成，从活塞顶面往前看：
(1)活塞顶面的"△"标记朝上。
(2)连杆身的油孔朝右

重要度	序号	主要步骤	要点	原因
	1	从物料盒取活塞销4件		防止装错零件
	2	把活塞销分别预装入4件活塞的活塞销孔内(图1)	活塞销不能突出该销孔的内端面	方便后续作业
◇	3	从存放区取连杆4件，摆放于自制工作台面	4件连杆为同一质量组	混装连杆发动机异响，性能不足
	4	左手拿装有活塞销的活塞，右手拿连杆大头。将活塞销穿过连杆小头和另个活塞销孔(图2和图3)	装配要求，从活塞顶面往前看：活塞顶面的"△"标记朝上；连杆身的油孔朝右侧	装反发动机异响，性能不足，零件早期磨损
	5	按步骤4的要求装余下3件活塞和连杆总成	同步骤4	同步骤4
	6	把4件活塞连杆总成按台套整齐摆放在工作台上	严格按4件1台套集中摆放整齐，不能和其他活塞连杆总成摆在一起	防止台套活塞连杆总成混放

安全(质量)事故记录	日期	说明

注：✚安全；▽关键；◇重要；PP推拉；TG工具；LT看；FL听；○基本；□选件。

工位号	工序二十二	工位名称	活塞连杆分装
要素序号	3	要素名称	安装卡环并检查

图1 卡环

图2 预装卡环

图3 安装合格的卡环：卡环完全进入活塞

重要度	序号	主要步骤	要点	原因
	1	取卡环1件(图1)		
	2	预装卡环：右手把卡环圆弧侧入活塞的卡环槽中，使卡环开口处与活塞安装缺口成一定角度，再用左手扶住卡环(图2)	把卡环的一半装入活塞销孔卡环槽中	卡环松脱，发动机异响，严重时打烂活塞缸体等故障
	3	右手取一字螺丝刀放置于活塞安装缺口处，压装卡环，使之整体装入卡环槽中并检查(图3)	(1)卡环完全卡住活塞销；(2)检查卡环完全进入活塞销孔卡环槽中	卡环和活塞销松脱，发动机异响，严重时打烂活塞缸体等故障
	4	按上述步骤1~3，安装另一侧活塞销孔的卡环，检查2件卡环装配是否到位	同上要求	同上原因
	5	按上述步骤1~4，安装余下3件活塞连杆总成的活塞销卡环	同上述步骤1~4	同上述步骤1~4
	6	装好卡环的4件活塞连杆总成按1台套摆放在工作台上	按1台套摆放	混装发动机异响，性能不足
安全(质量)事故记录		日期	说明	

注：✚ 安全；▽ 关键；◇ 重要；PP 推拉；TG 工具；LT 看；FL 听；○ 基本；□ 选件。

工位号	工序二十二	工位名称	活塞连杆分装
要素序号	4	要素名称	检查活塞连杆相对位置组装正确(互检)

活塞顶面的"△"标记
连杆身的油孔

装配合格的活塞连杆总成,从活塞顶面往前看:
(1)活塞顶面的"△"标记朝上。
(2)连杆身的油孔朝右

图1

重要度	序号	主要步骤	要点	原因
LT	1	检查活塞连杆相对位置组装正确(互检)		

安全(质量)事故记录	日期	说明

注: 安全; 关键; 重要; PP 推拉; TG 工具; LT 看; FL 听; 基本; 选件。

工位号		工序二十二	工位名称	活塞连杆分装
要素序号		5	要素名称	安装组合油环并检查

图1 复全衬环

图2 钢片刮油环

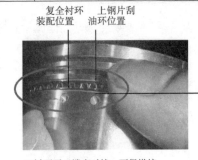
图3

(1)衬环开口端应对接,不得搭接。
(2)衬环开口朝向活塞裙部。
(3)2件刮环分别包容于衬环的上、下两面。
(4)装配后检查衬环和上、下刮片环应转动灵活

重要度	序号	主要步骤	要 点	原 因
	1	取复合衬环1件,钢片刮油环2件,放于工作台面(图1、图2)	(1)每个活塞装配2件钢片刮油环; (2)要求零件干净,无断裂、无残损,衬环开口端应对接	(1)防止装错零件; (2)确保零件质量
LT	2	安装衬环于活塞的油环槽中(图3)	(1)衬环开口端应对接,不得搭接; (2)衬环开口朝向活塞裙部	错装发动机漏气,烧机油,性能不足
	3	分别装入2件刮环于活塞的油环槽中(图3)	(1)2件刮环分别包容于衬环的上、下两面; (2)衬环和上、下刮片环应转动灵活无卡滞; (3)检查装配到位	错装发动机漏气,烧机油,润滑不足,性能不足
	4	按步骤2~4,安装复合衬环和钢片刮油环于余下的3件活塞连杆总成	同步骤2~4	同步骤2~4
	5	按台套存放活塞连杆总成	严格按(4件/台)集中摆放整齐	防止混装
安全(质量)事故记录		日期		说 明

注:✚ 安全;▽ 关键;◇ 重要;PP 推拉;TG 工具;LT 看;FL 听;○ 基本;□ 选件。

工位号	工序二十二	工位名称	活塞连杆分装
要素序号	6	要素名称	装第一、二道活塞环进工具并检查

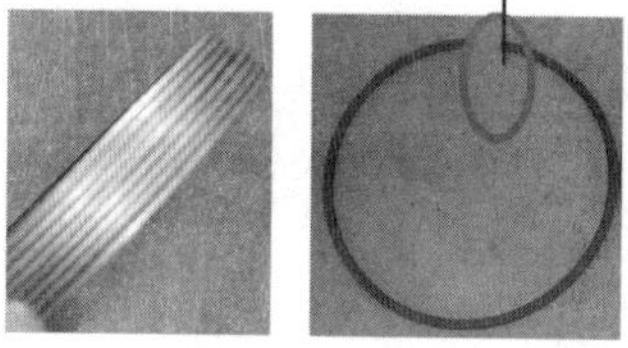

第一道活塞环外圆面呈光亮色
图1

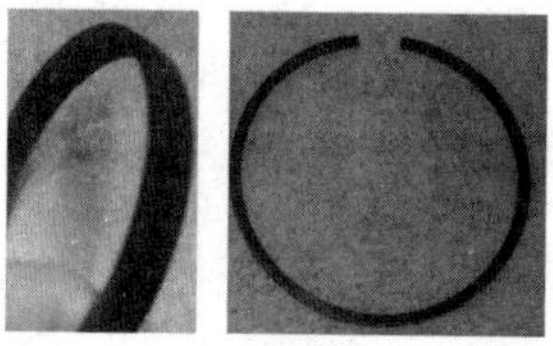

第二道活塞环外圆面磷化呈黑色
图2

第一道活塞环

第二道活塞环：开口边有小圆形激光刻印标记
图3

英文字母标记

重要度	序号	主 要 步 骤	要 点	原 因
	1	取第一道活塞环1件	第一道活塞环侧面呈光亮色（图1）	防止装错零件
	2	取第二道活塞环1件	第二道活塞环侧面磷化呈黑色（图2）	防止装错零件
LT	3	左手从工具盆取活塞环工具1件，放在工作台上，工具口小的一面朝上（图3）	（1）装活塞环工具为锥形工具；（2）检查工具无碰凹、无毛刺、无变形	确保装配质量
LT	4	把第二道活塞环1件套入活塞环工具上（图3）	第二道活塞环开口边有小圆形激光刻印标记，有标记一面朝活塞顶部（图3）	装反发动机漏气，润滑不良，性能不足
LT	5	取第一道活塞环1件套入活塞环工具上（图3）	直列四缸第一道活塞环无标记，装配不分正反面	同上原因

安全（质量）事故记录	日期	说 明

注：✚ 安全；▽ 关键；◇ 重要；PP 推拉；TG 工具；LT 看；FL 听；○ 基本；□ 选件。

225

工位号	工序二十二	工位名称	活塞连杆分装
要素序号	7	要素名称	装第一、二道活塞环进活塞并检查

用双手母指和食指打开，用力均匀把第一、二道活塞环往下压至工具锥面大端
图1

把活塞连杆总成水平放置工作台边缘上
图2

先把第二活塞环装进入活塞第二道环槽内
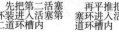
图3

再平推把第一活塞环进入活塞第一道环槽内
图4

重要度	序号	主要步骤	要点	原因
	1	用双手平推把第一、二道活塞环往下压至工具锥面大端(图1)	第一和第二道活塞环平整叠放在一起	防止活塞环断
	2	把装有组合油环活塞连杆总成1件水平放置工作台边缘上，活塞朝工作者(图2)	连杆身平放在工作台上	方便操作
	3	左手托住活塞连杆总成，右手把套有活塞环的装活塞环工具大端放置于活塞顶面并对正，右手顺势扶持固定住工具(图3)	装有活塞环的活塞环工个锥面大端对正活塞顶面，套入活塞顶面到接近活塞第二道环槽位置	防止活塞环断
	4	顺势用左手的拇指、食指平推先把第二活塞环进入活塞第二道环槽内，再平推把第一活塞环进入活塞第一道环槽内并检查(图3)	(1)活塞第二道环槽在活塞环槽中间； (2)检查活塞环全部进入活塞环槽内	防止活塞环断
	5	按上述步骤1～4要求，安装活塞环于同台套发动机的其余3件活塞连杆总成上	同步骤1～4要求	同步骤1～4要求
	6	按1台套(4件/台)活塞连杆总成转下工序(图4)	严格按(4件/台)集中摆放整齐转下工序	防混装
安全(质量)事故记录		日期	说　明	

注：✚安全；▽关键；◇重要；PP 推拉；TG 工具；LT 看；FL 听；○基本；□选件。

工位号	工序二十二	工位名称	活塞连杆分装
要素序号	8	要素名称	调整活塞环开口角度并检查

图1　　　　　图2　各活塞环开口位置示意图

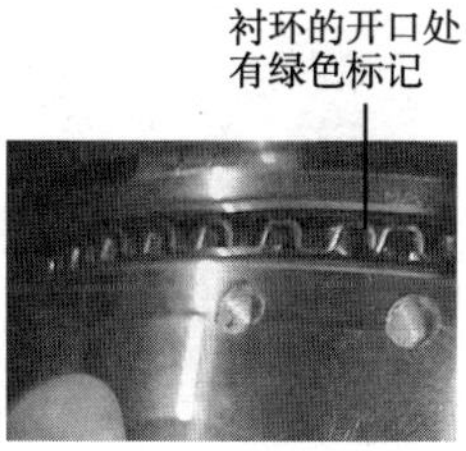

重要度	序号	主要步骤	要点	原因
LT	1	取活塞连杆总成1件,右手取下连杆盖,放置于工作台面;左手握住活塞连杆总成的连杆杆身和活塞裙部	活塞顶面的向前标记符号"△"朝向左	防止拨错环
LT	2	先调整衬环开口位置(图1),再用左手拇指或食指按住衬环,调整上、下刮片环的开口位置(图1)	(1)调整刮片环时,要保证衬环不转动;(2)衬环的开口处有绿色标记(图1)	防止衬环开口位置不对
LT	3	用右手的拇指和食指,调整第一、二道活塞环的开口位置(图2)	活塞环开口位置示意图	防止开口位置不对
LT	4	左手将活塞连杆总成放置至储存的存放架,右手将连杆盖放入活塞内腔	连杆与连杆盖为唯一配对	防止连杆盖混装
	5	重复上述的步骤1~4,调整好同台套发动机的其余3件活塞连杆总成的活塞环开口角度,放置于存放架	严格按(4件/台)集中摆放整齐	防止零件混放
安全(质量)事故记录		日期	说明	

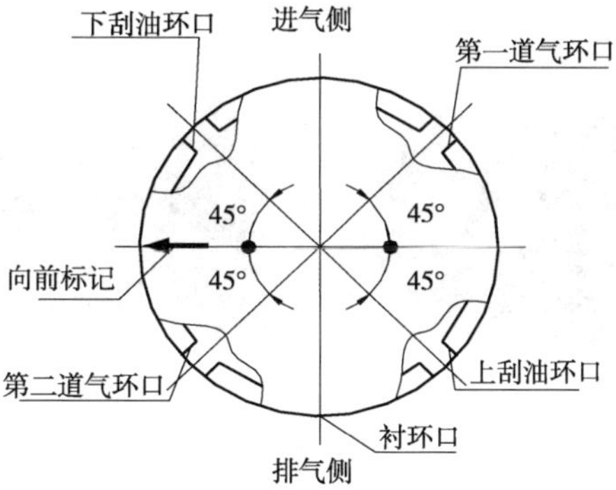

注:✚ 安全;▽ 关键;◇ 重要;PP 推拉;TG 工具;LT 看;FL 听;○ 基本;□ 选件。

工位号		工序二十二	工位名称	活塞连杆分装
要素序号		9	要素名称	清洗活塞连杆总成并按台套摆放

按1台套（4件/台）存放，不能混放连杆盖

图1　　　　　　　　　图2

重要度	序号	主 要 步 骤	要　　点	原　　因
✚	1	取清洗用塑料盆1件，从清洗液塑料桶倒清洗液入塑料盆	（1）塑料盆型号:600mm×400mm×200mm；（2）清洗液型号：S-105型；（3）清洗液用量按塑料盆上下刻度线要求	清洗液属化学制剂,防飞溅,有一定腐蚀性
✚	2	取活塞连杆总成1件，右手取下连杆盖并清洗；左手拿连杆身,把连杆大头渗在清洗液内清洗	（1）连杆大头应完全浸泡在清洗液内清洗；（2）清洗时左右摆动连杆身3~5次,连杆大头的清洗部位油污和杂质完全跌落；（3）摆动动作轻缓,避免清洗液飞溅	清洗液为化学制剂,有一定腐蚀性
	3	从清洗液只取出清洗杆大头的清洗液,并检查清洁度,摆放工作台上	清洗合格的连杆大头表面无污渍和杂质	防止清洗不干净
	4	按步骤2、3清洗余下3件活塞连杆总成的连杆大头部分	同步骤2、3,定期更换1次清洗液	同步骤2、3
	5	把4件连杆总成统一摆放在工作台上(图2)	严格按4件/台集中摆放整齐	防止零件混放
安全(质量)事故记录		日期	说　　明	

注：✚ 安全；▽ 关键；◇ 重要；PP 推拉；TG 工具；LT 看；FL 听；○ 基本；□ 选件。

工位号	工序二十二	工位名称	活塞连杆分装
要素序号	10	要素名称	看曲轴缸孔颜色标记

曲轴箱缸孔颜色标记

图1

重要度	序号	主要步骤	要 点	原 因
	1	从曲轴箱左侧（排气侧）看曲轴箱缸孔颜色标记并记住其颜色标记	如图1所示，从左到右依次为第一个、第二个、第三个、第四个曲轴箱缸孔颜色标记	防止装错零件
安全(质量)事故记录		日期	说 明	

注：✚ 安全；▽ 关键；◇ 重要；⑰ 推拉；⑰ 工具；⑰ 看；⑰ 听；○ 基本；□ 选件。

工位号	工序二十二	工位名称	活塞连杆分装
要素序号	11	要素名称	看活塞连杆颜色标记

活塞颜色标记（标记在活塞内腔和活塞顶面）

图1

重要度	序号	主要步骤	要 点	原 因
	1	选一台套(4件)颜色标记与曲轴箱缸孔颜色标记一致的活塞	（1）如图1所示，该位置为活塞颜色标记，每件活塞都有自己的颜色标记（标记在活塞内腔和活塞顶面）；（2）1～4缸缸孔颜色标记对应1～4缸活塞颜色标记	防止装错零件
安全(质量)事故记录		日期	说 明	

注：✚ 安全；▽ 关键；◇ 重要；⑰ 推拉；⑰ 工具；⑰ 看；⑰ 听；○ 基本；□ 选件。

229

工位号	工序二十二	工位名称	活塞连杆分装
要素序号	12	要素名称	检查活塞连杆总成清洁度、拨活塞环角度正确(互检)

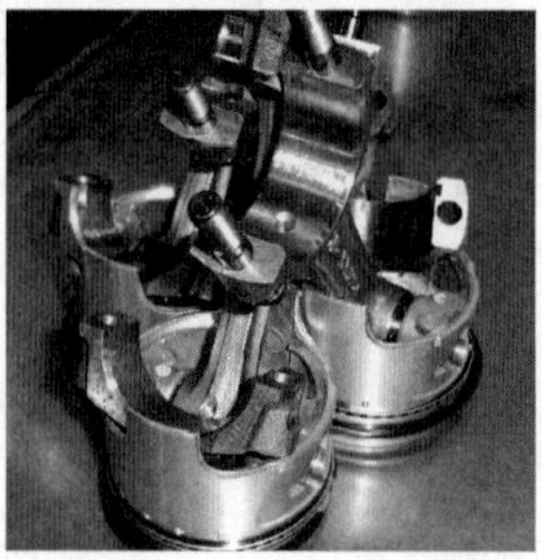

图1

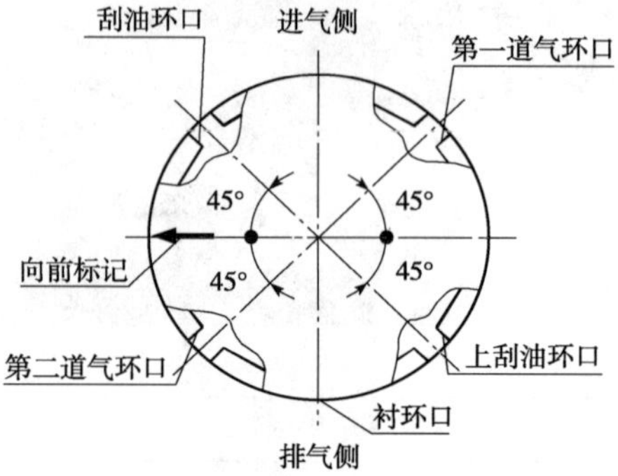

图2

重要度	序号	主 要 步 骤	要　　点	原　因
	1	检查活塞连杆总成清洁度、拨活塞环角度正确（互检）	（1）清洗合格的连杆大头表面无污渍和杂质（图1）； （2）拨活塞环正确角度如图2所示	

安全(质量)事故记录	日期	说　　明

注: ✚ 安全; ▽ 关键; ◇ 重要; ㏘ 推拉; ㏕ 工具; ⇩ 看; ㏅ 听; ○ 基本; □ 选件。

工位号	工序二十二	工位名称	活塞连杆分装
要素序号	13	要素名称	选配活塞连杆总成并检查

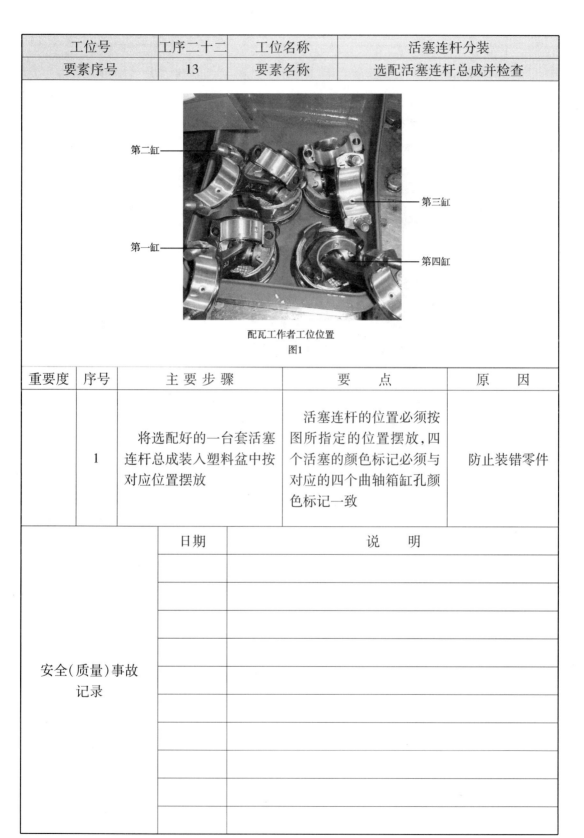

配瓦工作者工位位置
图1

重要度	序号	主 要 步 骤	要 点	原 因
	1	将选配好的一台套活塞连杆总成装入塑料盆中按对应位置摆放	活塞连杆的位置必须按图所指定的位置摆放，四个活塞的颜色标记必须与对应的四个曲轴箱缸孔颜色标记一致	防止装错零件

安全(质量)事故记录	日期	说　　明

注：✚ 安全；Ⓥ 关键；◇ 重要；㏘ 推拉；㎎ 工具；⒧ 看；㎌ 听；○ 基本；□ 选件。

231

工位号	工序二十二	工位名称	活塞连杆分装
要素序号	14	要素名称	看曲轴连杆颈组别号

图1 （曲轴连杆颈外颈组别号；曲轴小头）

重要度	序号	主要步骤	要点	原因
	1	看曲轴连杆颈外径组别号，并记住该组号码	如图1所示，从曲轴小头端看，曲轴连杆颈外径组别号在曲轴第二个曲柄处（4个阿拉伯数字），从左到右依次为第一、第二、第三、第四个曲轴连杆颈外径组别号	防止装错零件

安全(质量)事故记录	日期	说明

注：✚ 安全；Ⓥ 关键；◇ 重要；PP 推拉；TG 工具；LT 看；FL 听；○ 基本；□ 选件。

工位号	工序二十二	工位名称	活塞连杆分装
要素序号	15	要素名称	看活塞连杆组别号

连杆大头孔内径组别号

图1

重要度	序号	主 要 步 骤	要　　点	原　因
	1	看所选的连杆大头孔内径组别号码	如图1所示,连杆大头孔内径组别号印在连杆大头上	防止装错零件

安全(质量)事故记录	日期	说　　明

注:✚安全;▽关键;◇重要;㉆推拉;㊉工具;㊉看;㊋听;○基本;□选件。

工位号	工序二十二	工位名称	活塞连杆分装
要素序号	16	要素名称	选配和装配连杆轴瓦并检查

连杆瓦分组选配关系：
连杆大头孔内径组别号+曲轴连杆颈外径组别号+连杆瓦组别号=7

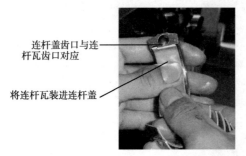 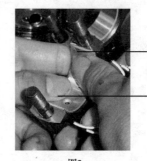

图1　　　　　　　　　图2

重要度	序号	主要步骤	要　点	原　因
◇	1	选配连杆轴瓦	连杆轴瓦分组选配关系：连杆大头孔内径组别号+曲轴连杆径外径组别号+连杆轴瓦组别号=7	防止配错轴瓦，轴瓦松脱
	2	左手拿起连杆盖，右手拿连杆轴瓦，将连杆轴瓦装进连杆盖	如图1所示： （1）连杆盖齿口位置必须与连杆轴瓦齿口位置对应； （2）连杆轴瓦与连杆盖端口平齐	防止轴瓦松脱
	3	把连杆盖放回原来位置		
	4	左手紧握连杆，右手拿连杆轴瓦，将连杆轴瓦装进连杆大头	如图2所示： （1）连杆齿口位置必须与连杆轴瓦齿口位置对应； （2）连杆轴瓦与连杆大头端口平齐	防止轴瓦松
	5	按步骤1~4要求装余下3件连杆轴瓦	同上	同上

安全（质量）事故记录	日期	说　明

注：✚ 安全；▽ 关键；◇ 重要；PP 推拉；TG 工具；LT 看；FL 听；○ 基本；□ 选件。

工位号	工序二十二	工位名称	活塞连杆分装
要素序号	17	要素名称	活塞连杆总成涂润滑油

图1 自制机油瓶

图2 在活塞环处涂润滑油

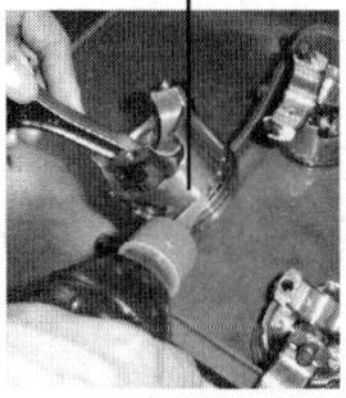

图3 在活塞销处涂润滑油

图4 在连杆盖上的连杆瓦涂润滑油

图5 在连杆上的连杆瓦涂润滑油

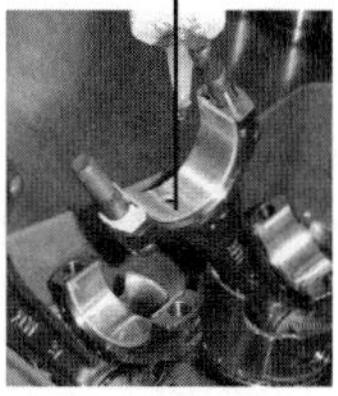

重要度	序号	主 要 步 骤	要 点	原 因
	1	取装有SF 15W/40机油的自制油瓶1瓶(图1)		
	2	在活塞环处涂润滑油(图2)	要求活塞环一周都要均匀涂油	
	3	在活塞销处涂润滑油(图3)		
	4	在连杆盖上的连杆轴瓦涂润滑(图4)		
	5	在连杆上的连杆轴瓦涂润滑油(图5)		

安全(质量)事故记录	日期	说 明

注:✚安全;▽关键;◇重要;⑫推拉;⑯工具;⑰看;⑰听;○基本;□选件。

工位号	工序二十二	工位名称	活塞连杆分装
要素序号	18	要素名称	将活塞连杆总成转移到流水线上

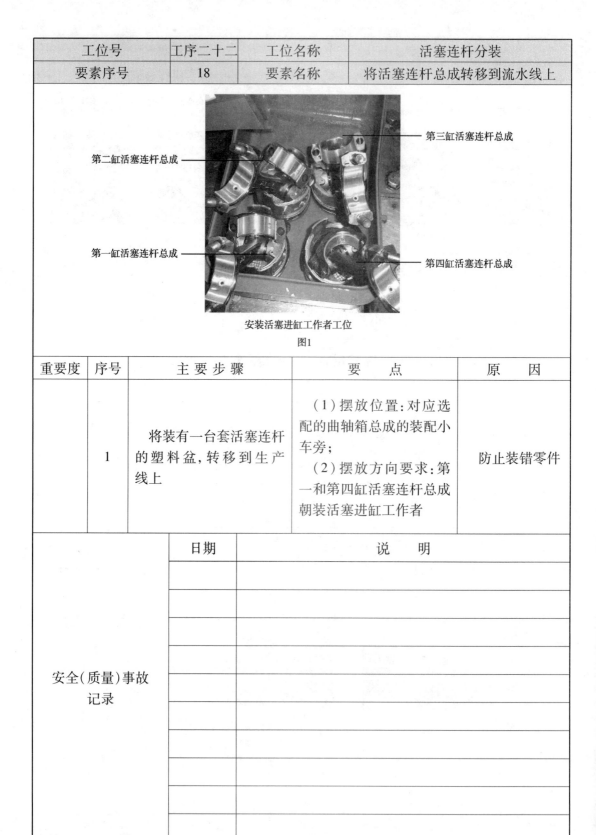

安装活塞进缸工作者工位
图1

重要度	序号	主 要 步 骤	要　　点	原　　因
	1	将装有一台套活塞连杆的塑料盆,转移到生产线上	（1）摆放位置:对应选配的曲轴箱总成的装配小车旁; （2）摆放方向要求:第一和第四缸活塞连杆总成朝装活塞进缸工作者	防止装错零件

安全(质量)事故记录	日期	说　　明

注:✚安全;▽关键;◇重要;PP推拉;TG工具;LT看;FL听;○基本;□选件。

活塞连杆组件拆卸工艺及注意事项

（1）拆第一道活塞环，并放置物料盆及做好标识。

拆第一道活塞环

拆完第一道活塞环后，将活塞环放入规定的物料盆中，并做好第一道活塞环的标识

（2）拆第二道活塞环，并放置规定的物料盆及做好标识。

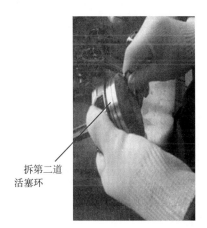 

拆第二道活塞环

拆完第二道活塞环后，将活塞环放入规定的物料盆中，并做好第二道活塞环的标识

（3）拆油片刮环(2件)及衬环，并放置规定的物料盆及做好标识。

 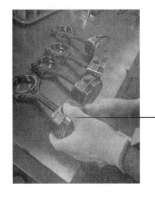

拆完油片刮环（2件）及衬环后，将刮环及衬环放置规定的物料盆及做好标识

拆完油片刮环（2件）及衬环

(4)拆活塞销卡环(2件),并放置规定的物料盆及做好标识。

拆完活塞销卡环(2件)后,将活塞销卡环放置规定的物料盆及做好标识的标识

用一字螺丝刀将活塞销卡环(2件)撬出

注意事项:
①要求先拆活塞环及复合衬环后,再拆卸活塞销卡簧。
②拆卸活塞环、活塞销卡环的过程中,注意不能刮伤、刮花活塞各表面。
③活塞销卡环拆卸后,若严重变形,将不能再使用。
④所有的零部件放置物料盆后一定要做好标识,防止后续组装不会错装。

(5)拆活塞销,并将活塞、连杆、活塞销放置物料盆及做好标识。

用手将活塞销推出

将活塞、连杆、活塞销放置物料盆,做好标识

(6)拆连杆瓦,并放置规定的物料盆及做好标识。

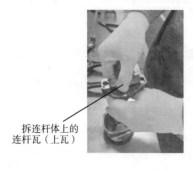

拆连杆体上的连杆瓦(上瓦)

拆连杆盖上的连杆瓦(下瓦)

拆完连杆瓦之后,将连杆瓦放置在规定的物料盆中,并做好标识

(7)将同一缸的连杆盖、连杆体、连杆螺母、连杆瓦、活塞销、活塞销卡环、活塞、活塞环用清洗剂清洗油污后,放置在一起,并做好标识。

(8)重复(1)~(7)步骤,将剩下的3个活塞连杆组拆卸完,并做好归类标识。

注意事项:
(1)拆卸过程中注意不要磕碰、刮花零部件。
(2)拆卸后的零件要做好归类标识,防止后续组装不会错装。
(3)同一缸的连杆盖、连杆体、连杆螺母、连杆瓦、活塞销、活塞、活塞环等都要归类放置在一起,并做好标识,不能与其他缸的物料混放。
(4)连杆瓦上的组别号如果看不清楚了,则不再使用。轴瓦刮花或者刮伤后,如果用于热试,该轴瓦是不能再使用,需更换新轴瓦。活塞上的尺寸分组颜色标记,若看不清楚了,则重新更换新的活塞。
(5)拆卸过程中,可以将相关数据记录一一对应记录下来(比如轴瓦组别号、缸孔及活塞尺寸颜色分组、力矩、间隙值等),以方便后续装机进行核对。
(6)拆卸过程中,若发现不符合装配时的要求,需记录问题并反馈,以提醒或纠正后续组装作业符合装配要求。

23. 曲轴前、后油封压装(分装)工位作业指导书

工位号	工序二十三	工位名称	曲轴前、后油封压装
要素序号	1	要素名称	取后端盖油封和机油并检查

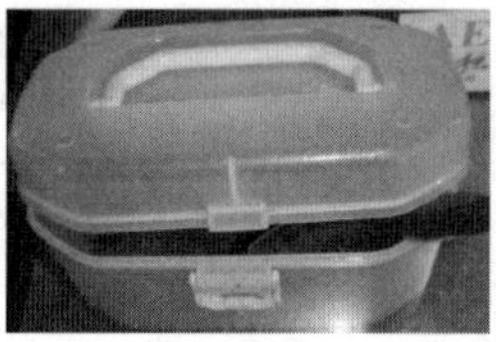

图1 　　　　图2

重要度	序号	主要步骤	要点	原因
	1	取润滑油1瓶和刷子1把(图1)	SF15W-40润滑油,要求无杂质	装配要求
	2	取曲轴后端盖油封总成并检查(图2)	(1)曲轴后端盖油封总成干净,油封唇口无变形、无损伤,弹簧无脱落; (2)取凸轮轴前油封总成时手拿外圈,不允许损伤唇部,以确保密封性	(1)防错装零件; (2)保证零件质量; (3)油封唇口沾的异物、损伤造成漏油

安全(质量)事故记录	日期	说明

注:✚ 安全;▽ 关键;◇ 重要;PP 推拉;TG 工具;LT 看;FL 听;○ 基本;□ 选件。

工位号	工序二十三	工位名称	曲轴前、后油封压装
要素序号	2	要素名称	后端盖油封涂机油

图1

重要度	序号	主要步骤	要点	原因
	1	将刷子沾上适量机油		
LT	2	在油封外圈均匀涂润滑油(图1)		
	3	将油封整齐摆放于专用盒内	油封弹簧面统一朝上放置	便于装配

安全(质量)事故记录	日期	说明

注:✚ 安全;▽ 关键;◇ 重要;PP 推拉;TG 工具;LT 看;FL 听;○ 基本;□ 选件。

241

工位号	工序二十三	工位名称	曲轴前、后油封压装
要素序号	3	要素名称	安装后端盖油封至专用压装工具

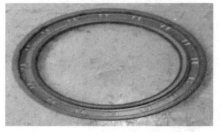 

图1　　　　　　　　图2

重要度	序号	主要步骤	要　点	原　因
	1	左手取曲轴后油封总成1件(图1)	(1)油封唇口无沾带异物、无变形、无损伤,弹簧无脱落; (2)取曲轴后油封总成时手拿外圈; (3)不允许损伤唇部,以确保密封性	油封唇口沾的异物、损伤造成漏油
	2	右手取压前油封工具(图2)	看工具干净、光滑、无沾带异物,无碰凹及变形现象	确保装配质量
	3	将油封装至后端盖压后油封专用工具上	(1)油封弹簧面朝下装入压后油封专用工具上; (2)要求油封端面紧贴压装工具端面	确保装配质量

安全(质量)事故记录	日期	说　明

注:✚安全;▽关键;◇重要;PP推拉;TG工具;LT看;FL听;○基本;□选件。

工位号	工序二十三	工位名称	曲轴前、后油封压装
要素序号	4	要素名称	取曲轴后端盖至压装工具座

图1

重要度	序号	主要步骤	要点	原因
	1	取曲轴后端盖1件并检查	密封结合面应清洁,不允许磕碰、划伤、锈蚀	保证零件质量
	2	将曲轴后端盖放至压装工具座上	后端盖光滑面放置于压油封专用工具座,使后端盖油封安装孔对准工具座压装定位槽	压装要求

安全(质量)事故记录	日期	说明

注:✚安全;▽关键;◇重要;PP推拉;TG工具;LT看;FL听;○基本;□选件。

工位号		工序二十三	工位名称	曲轴前、后油封压装
要素序号		5	要素名称	压装曲轴后端盖油封并检查

油封压装到位，不得有过松、压斜或铲胶现象

图1 　　　　图2 　　　　图3 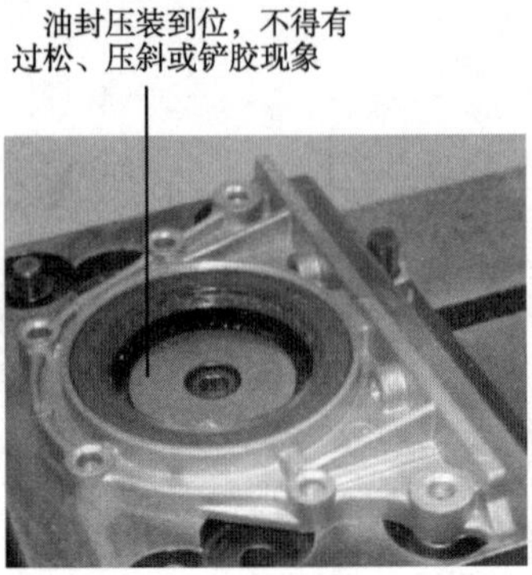　　　　图4

重要度	序号	主要步骤	要　点	原　因
✚	1	右手握住压装工具把柄中部，把装有后油封的压装工具对准压装工具座定位孔套入；左手扶住后端盖左角；起动设备使压床往下压曲轴后端盖油封。（图1、图2）	严禁手握压装工具顶部	（1）防止违规操作造成安全事故；（2）防止油封铲胶、压斜
✚	2	待压床回弹后取下后端盖压装工具（图3）	禁止压床工作时取下压装工具	防止违规操作造成安全事故
LT	3	检查曲轴后端盖油封（图4）	看油封压装到位，无过松、压斜或铲胶现象	确保压装质量

安全（质量）事故记录	日期	说　明

注：✚ 安全；▽ 关键；◇ 重要；PP 推拉；TG 工具；LT 看；FL 听；○ 基本；□ 选件。

244

工位号	工序二十三	工位名称	曲轴前、后油封压装
要素序号	6	要素名称	将曲轴后端盖装入转运架并移送至总装线装后端盖工位

重要度	序号	主要步骤	要点	原因
	1	将曲轴后端盖总成装入转运架	（1）禁止手触碰油封唇口； （2）轻拿轻放，摆放整齐	保证零件质量
	2	挂好物料标识。		防止装错零件
	3	移送至总装线装后端盖工位		方便后续工作
	4	将空转运架拉回本工位		方便后续工作
安全(质量)事故记录	日期	说　明		

注：安全；关键；重要；PP 推拉；TG 工具；LT 看；FL 听；○ 基本；□ 选件。

工位号	工序二十三	工位名称	曲轴前、后油封压装
要素序号	7	要素名称	取机油泵油封和机油并检查

图1　　　　　图2

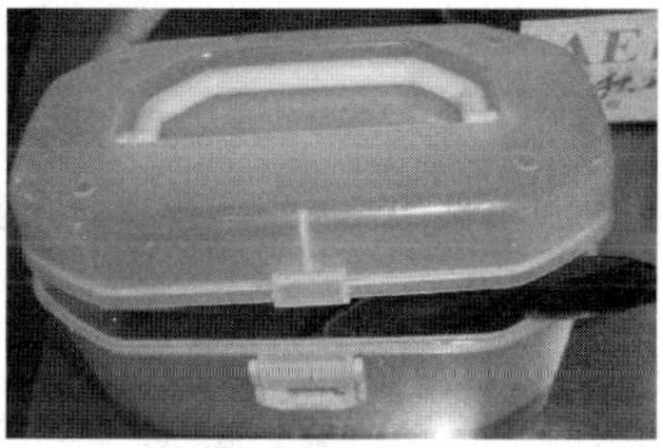

重要度	序号	主要步骤	要点	原因
	1	取凸轮轴前油封总成（机油泵油封总成）并检查（图1）	（1）要求凸轮轴前油封总成干净，无变形、损伤，弹簧无脱落； （2）取凸轮轴前油封总成时手拿外圈，不允许损伤唇部，以确保密封性	防止错装零件、密封要求
	2	取机油和毛刷1把并检查（图2）	SF15W/40 机油，要求无杂质	装配要求
安全(质量)事故记录	日期	说　明		

注：安全；关键；重要；PP 推拉；TG 工具；LT 看；FL 听；○ 基本；□ 选件。

工位号	工序二十三	工位名称	曲轴前、后油封压装
要素序号	8	要素名称	机油泵油封涂机油并检查

图1

重要度	序号	主要步骤	要点	原因
〈LT〉	1	用沾有机油的毛刷在油封外圈均匀涂上机油并检查(图1)		

安全(质量)事故记录	日期	说明

注:✚ 安全;▽ 关键;◇ 重要;(PP) 推拉;(TG) 工具;(LT) 看;(FL) 听;○ 基本;□ 选件。

工位号	工序二十三	工位名称	曲轴前、后油封压装
要素序号	9	要素名称	取机油泵至压装工具座并检查

 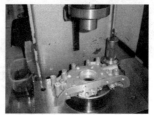

图1　　　　　　　　　图2

重要度	序号	主要步骤	要点	原因
	1	取机油泵总成1件并检查(图1)	机油泵应无崩角,装配结合面无碰伤现象	确保零件质量
	2	将机油泵放至压油封专用工具座,使机油泵油封安装孔对准工具座压装圆孔(图2)	机油泵光滑面放置于压油封专用工具座,使机油泵油封安装孔对准工具座压装圆孔	压装要求

安全(质量)事故记录	日期	说明

注:✚ 安全;▽ 关键;◇ 重要;(PP) 推拉;(TG) 工具;(LT) 看;(FL) 听;○ 基本;□ 选件。

工位号	工序二十三	工位名称	曲轴前、后油封压装
要素序号	10	要素名称	安装机油泵油封至压装工具并检查

图1

重要度	序号	主要步骤	要 点	原 因
	1	左手取机油泵油封总成1件并检查	(1)油封唇口无沾带异物、无变形、无损伤,弹簧无脱落; (2)取机油泵油封总成时手拿外圈,不许损伤唇部,以确保密封性	(1)防止错装零件; (2)保证零件质量; (3)油封唇口沾异物、损伤造成漏油
	2	右手取压前油封工具	看工具干净、光滑、无沾带异物,无碰凹及变形现象	确保装配质量
	3	将油封装至前油封专用压装工具上	(1)油封弹簧面朝下装入压后油封专用工具上; (2)要求油封端面紧贴压装工具端面	确保装配质量

安全(质量)事故记录	日期	说 明

注:■安全;▽关键;◇重要;㏚推拉;TG工具;LT看;FL听;○基本;□选件。

工位号		工序二十三	工位名称	曲轴前、后油封压装
要素序号		11	要素名称	压装机油泵油封并检查

图1 　　　图2 　　　图3 　　　图4

油封压装到位，无过松、压斜或铲胶现象

重要度	序号	主 要 步 骤	要　　点	原　　因
✚	1	右手握住压装工具把柄中部,把装有机油泵油封的压装工具对准压装工具座定位孔套入;左手扶住机油泵左角;起动设备使压床往下压装机油泵油封(图1、图2)	严禁手握压装工具顶部	(1)防止违规操作造成安全事故; (2)防止油封压铲胶、压斜
✚	2	待压床回弹后取下后端盖压装工具(图3)	禁止压床工作时取下压装工具	防止违规操作造成安全事故
⟨LT⟩	3	检查机油泵油封总成压装到位(图4)	看油封压装到位,无过松、压斜或铲胶现象	确保零件质量

安全(质量)事故记录	日期	说　　明

注:✚安全;▽关键;◇重要;⟨PP⟩推拉;⟨TG⟩工具;⟨LT⟩看;⟨FL⟩听;○基本;□选件。

工位号	工序二十三	工位名称	曲轴前、后油封压装
要素序号	12	要素名称	将机油泵总成装入转运小车并移送至总装线装机油泵工位

重要度	序号	主 要 步 骤	要 点	原 因
ⓁⓉ	1	将机油泵总成装入转运小车	（1）禁止手触碰油封唇口； （2）轻拿轻放，摆放整齐，每层放隔板	确保零件质量
	2	挂好相应物料标识		防止装错零件
	3	移送至总装线装机油泵工位		方便后续工作
	4	将空车拉回本工位		方便后续工作

安全(质量)事故记录	日期	说 明

注：✚安全；▽关键；◇重要；㏘推拉；ⓉⒼ工具；ⓁⓉ看；ⒻⓁ听；○基本；□选件。

曲轴前后油封拆卸工艺及注意事项

用一字螺丝刀将前油封及后油封从机油泵及后端盖中撬出,放于物料盆中。

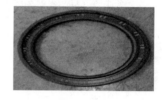

注意事项:

(1)拆卸过程中,注意不能刮伤、刮花各零部件。

(2)所有零件拆卸后,用 S-105 型清洗剂将油污清洗干净。

(3)油封拆卸后,不再使用,后续装机需更换新的油封。

(4)所有的零部件放置物料盆后一定要做好标识,防止后续组装不会错装。

(5)拆卸过程中,若发现不符合装配时的要求,需记录问题并反馈,以提醒或纠正后续组装作业符合装配要求。

参 考 文 献

［1］卢圣春,李元福.汽车装配技术［M］.北京：北京理工大学出版社,2013.
［2］鲍海江,王力谦.汽车发动机装配工艺研究［J］.工程技术, 2017.
［3］覃有森,甘光武.汽车发动机构造与拆装［M］.北京:电子工业出版社,2013.
［4］武华.汽车发动机构造与拆装工作页［M］.北京:人民交通出版社, 2007.

人民交通出版社汽车类中职教材部分书目

书 号	书 名	作 者	定 价	出版时间	课 件
一、全国交通运输职业教育教学指导委员会规划教材 教育部中等职业教育汽车专业技能课教材					
978-7-114-12216-3	汽车文化	李青、刘新江	38.00	2017.03	有
978-7-114-12517-1	汽车定期维护	陆松波	39.00	2017.03	有
978-7-114-12170-8	汽车机械基础	何向东	37.00	2017.03	有
978-7-114-12648-2	汽车电工电子基础	陈文均	36.00	2017.03	有
978-7-114-12241-5	汽车发动机机械维修	杨建良	25.00	2017.03	有
978-7-114-12383-2	汽车传动系统维修	曾丹	22.00	2017.03	有
978-7-114-12369-6	汽车悬架、转向与制动系统维修	郭碧宝	31.00	2017.03	有
978-7-114-12371-9	汽车发动机电器与控制系统检修	姚秀驰	33.00	2017.03	有
978-7-114-12314-6	汽车车身电气设备检修	占百春	22.00	2017.03	有
978-7-114-12467-9	汽车发动机及底盘常见故障的诊断与排除	杨永先	25.00	2017.03	有
978-7-114-12428-0	汽车自动变速器维修	王健	23.00	2017.03	有
978-7-114-12225-5	汽车网络控制系统检修	毛叔平	29.00	2017.03	有
978-7-114-12193-7	新能源汽车结构与检修	陈社会	38.00	2017.03	有
978-7-114-12209-5	汽车检测与诊断技术	蒋红梅、吴国强	26.00	2017.03	有
978-7-114-12565-2	汽车检测设备的使用与维护	刘宣传、梁钢	27.00	2017.03	有
978-7-114-12374-0	汽车维修接待实务	王彦峰	30.00	2017.06	有
978-7-114-12392-4	汽车保险与理赔	荆叶平	32.00	2017.06	有
978-7-114-12177-7	汽车维修基础	杨承明	26.00	2017.06	有
978-7-114-12538-6	汽车商务礼仪	赵颖	32.00	2017.06	有
978-7-114-12442-6	汽车销售流程	李雪婷	30.00	2017.06	有
978-7-114-12488-4	汽车配件基础知识	杨二杰	20.00	2017.03	有
978-7-114-12546-1	汽车配件管理	吕琪	33.00	2017.03	有
978-7-114-12539-3	客户关系管理	喻嫒	30.00	2017.06	有
978-7-114-12446-4	汽车电子商务	李晶	30.00	2017.03	有
978-7-114-13054-0	汽车使用与维护	李春生	28.00	2017.04	有
978-7-114-12382-5	机械识图	林治平	24.00	2017.03	有
978-7-114-12804-2	汽车车身电气系统拆装	张炜	35.00	2017.03	有
978-7-114-12190-6	汽车材料	陈虹	29.00	2017.03	有
978-7-114-12466-2	汽车钣金工艺	林育彬	37.00	2017.03	有
978-7-114-12286-6	汽车车身与附属设备	胡建富、马涛	22.00	2017.03	有
978-7-114-12315-3	汽车美容	赵俊山	20.00	2017.03	有
978-7-114-12144-9	汽车构造	齐忠志	39.00	2017.03	有
978-7-114-12262-0	汽车涂装基础	易建红	30.00	2017.04	有
978-7-114-13290-2	汽车美容与装潢经营	邵伟军	28.00	2017.04	有
二、中等职业教育国家规划教材					
978-7-114-12992-6	机械基础（少学时）（第二版）	刘新江、袁亮	34.00	2016.06	有
978-7-114-12872-1	汽车电控发动机构造与维修（第三版）	王囤	32.00	2016.06	有
978-7-114-12902-5	汽车发动机构造与维修（第三版）	张嫣、苏畅	35.00	2016.05	有
978-7-114-12812-7	汽车底盘构造与维修（第三版）	王家青、孟华霞、陆志琴	39.00	2016.04	有
978-7-114-12903-2	汽车电气设备构造与维修（第三版）	周建平	43.00	2016.05	有
978-7-114-12820-2	汽车自动变速器构造与维修（第三版）	周志伟、韩彦明、顾雯斌	29.00	2016.04	有
978-7-114-12845-5	汽车使用性能与检测（第三版）	杨益明、郭彬	25.00	2016.04	有
978-7-114-12684-0	汽车材料（第三版）	周燕	31.00	2016.01	有
三、教育部职业教育与成人教育司推荐教材（技能型紧缺人才培养培训教材）					
978-7-114-11700-8	汽车文化（第二版）	屠卫星	35.00	2016.05	有
978-7-114-12394-8	汽车认识实训（第二版）	宋麓明	12.00	2015.10	有
978-7-114-11544-8	汽车机械基础（第二版）	凤勇	39.00	2016.05	有
978-7-114-12395-5	钳工实训（第二版）	石德勇	15.00	2016.05	有

书　号	书　名	作　者	定　价	出版时间	课件
978-7-114-13199-8	汽车电工与电子基础（第二版）	任成尧	25.00	2016.09	有
978-7-114-08546-8	汽车电工电子基础（新编版）	张成利、张智	29.00	2016.04	有
978-7-114-08594-9	汽车发动机构造与维修（新编版）	王会、刘朝红	33.00	2016.05	有
978-7-114-09157-5	汽车发动机构造与维修习题集	邵伟军、李玉明	18.00	2016.05	
978-7-114-08560-4	汽车底盘构造与维修（新编版）	丛树林、张彬	27.00	2016.06	有
978-7-114-09160-5	汽车底盘构造与维修习题集	陈敬渊、刘常俊	25.00	2015.07	
978-7-114-08606-9	汽车电气设备构造与维修（新编版）	高元伟、吕学前	25.00	2016.06	有
978-7-114-09156-8	汽车电气设备构造与维修习题集	杜春盛、席梦轩	18.00	2015.07	
978-7-114-12242-2	汽车典型电路分析与检测	宋波舰	45.00	2015.08	有
978-7-114-11808-1	汽车典型电控系统构造与维修（第二版）	解福泉	38.00	2015.02	
978-7-114-12450-1	汽车车身电气及附属电气设备检修（第二版）	韩飒	36.00	2015.10	
978-7-114-08603-8	汽车故障诊断技术（新编版）	戈国鹏、赵龙	22.00	2016.01	有
978-7-114-11750-3	汽车安全驾驶技术（第二版）	范立	39.00	2016.05	有
978-7-114-08749-3	汽车实用英语（新编版）	赵金明、林振江	18.00	2015.02	
978-7-114-12871-4	汽车车身修复技术（第二版）	黄平	26.00	2015.06	
	四、职业院校汽车运用与维修专业实训教材				
978-7-114-08057-9	▲汽车发动机常见维修项目实训教材	中国汽车维修行业协会	29.00	2016.06	
978-7-114-08030-2	▲汽车底盘常见维修项目实训教材	中国汽车维修行业协会	39.00	2015.12	
978-7-114-08058-6	▲汽车电器常见维修项目实训教材（黑白版）	中国汽车维修行业协会	18.00	2016.06	
978-7-114-08224-5	汽车维修常用工量具使用（黑白版）	中国汽车维修行业协会	16.00	2016.06	
978-7-114-08464-5	汽车维修常用工量具使用（彩色版）	中国汽车维修行业协会	30.00	2016.07	
978-7-114-09023-3	▲汽车钣金常见维修项目实训教材	中国汽车维修行业协会	38.00	2016.05	
978-7-114-09327-2	▲汽车喷漆常见维修项目实训教材	中国汽车维修行业协会	40.00	2016.04	
	五、国家示范性中等职业学校重点建设专业教材				
978-7-114-08418-8	▲汽车发动机维修实训教材	朱军、汪胜国	30.00	2016.07	
978-7-114-08523-9	▲汽车发动机电控系统故障诊断实训教材	汪胜国、李东江	30.00	2016.07	
978-7-114-13597-2	▲汽车维护实训教材（第二版）	朱军、汪胜国、王瑞君	34.00	2017.04	有
978-7-114-13508-8	汽车维修基础技能实训教材（第二版）	朱军、汪胜国、陆志琴	32.00	2016.12	有
978-7-114-08541-3	▲汽车底盘和车身电器检测实训教材	汪胜国、李东江	17.00	2011.02	
978-7-114-11101-3	汽车电器维修理实一体化教材	王成波、忻状存	32.00	2016.06	
978-7-114-11417-5	汽车底盘维修理实一体化教材	郑军强	43.00	2014.08	
978-7-114-11510-3	汽车自动变速维修理实一体化教材	杨婷	22.00	2014.09	
978-7-114-11420-5	汽车空调系统维修理实一体化教材	方作棋	20.00	2016.05	
978-7-114-11421-2	汽车发动机性能检测理实一体化教材	颜世凯	30.00	2014.09	
978-7-114-12530-0	汽车钣金理实一体化教材	林育彬	30.00	2015.11	有
978-7-114-12525-6	汽车喷漆理实一体化教材	葛建峰、叶诚昕	30.00	2015.11	有
	六、中等职业学校汽车运用与维修专业新课程教学用书				
978-7-114-10793-1	▲汽车发动机构造与拆装工作页（第二版）	武华、武剑飞	32.00	2016.06	
978-7-114-10771-9	▲汽车底盘构造与拆装工作页（第二版）	武华、何才	26.00	2016.06	
978-7-114-10719-1	汽车自动变速器维修工作页（第二版）	巫兴宏、齐忠志	21.00	2016.06	
978-7-114-10768-9	汽车发动机电器维修工作页（第二版）	林文工、李琦	24.00	2016.07	
978-7-114-10837-2	汽车发动机控制系统检测与维修工作页（第二版）	陈高路、蔡北勤	40.00	2015.08	
978-7-114-10776-4	汽车传动系统维修工作页（第二版）	邱志华、张发	24.00	2016.06	
978-7-114-10777-1	汽车制动系统维修工作页（第二版）	庞柳军、曾晖泽	24.00	2016.05	
978-7-114-10739-9	汽车空调系统维修工作页（第二版）	林志伟	28.00	2015.11	
978-7-114-10794-8	汽车悬架与转向系统维修工作页（第二版）	刘付金文、徐正国	24.00	2016.05	
978-7-114-10700-9	汽车车身电器维修工作页（第二版）	蔡北勤	24.00	2016.07	
978-7-114-10699-6	汽车发动机机械维修工作页（第二版）	刘建平、段群	25.00	2016.06	

▲为中等职业教育改革创新示范教材
咨询电话：010-85285962；010-85285977．咨询QQ：616507284；99735898